Das Buch

In diesem Jahr »feiert« halb Europa die 200. Wiederkehr der sogenannten Völkerschlacht bei Leipzig. Durch alle nachfolgenden deutschen Staaten, die DDR eingeschlossen, wurde der kollektive Sieg über Napoleons Truppen als Symbol der Einheit, des Fortschritts und des nationalen Patriotismus gefeiert. An diesem Traditionsbild wird unverdrossen festgehalten. Und niemand fragt sich, was sich 1845 der 20-jährige Friedrich Engels fragte: »Wäre der Krieg gegen Napoleon wirklich ein Krieg der Freiheit gegen den Despotismus gewesen, so hätte er zur Folge gehabt, dass alle die Nationen, die Napoleon unterworfen hatte, nach seinem Sturz ihre Prinzipien proklamiert und die Segnungen der Gleichheit genossen haben würden. Das Gegenteil war aber der Fall.« Der Historiker Pätzold untersucht den zwiespältigen Umgang mit einem Vorgang und dessen Rezeption in Vergangenheit und Gegenwart.

Der Autor

Kurt Pätzold, Jahrgang 1930, geboren in Breslau, studierte in Jena Geschichte, Philosophie und politische Ökonomie. Ging später nach Berlin und konzentrierte sich dort auf Lehre und Forschung auf seinem Gebiet: deutscher Faschismus und Imperialismus. Aufsehen erregte der international renommierte Historiker mit verschiedenen Publikationen zum Dritten Reich und der Judenverfolgung, darunter »Geschichte der NSDAP« und »Rudolf Heß. Der Mann an Hitlers Seite«. Zugleich beschäftigt er sich zunehmend mit peripheren Themen, die im weitesten Sinne den kulturhistorischen Hintergrund für den deutschen Nationalismus, Militarismus und Rassismus darstellen.

Kurt Pätzold

1813

Der Krieg und sein Nachleben

verlag am park

ISBN 978-3-89793-185-5

Umschlaggestaltung: edition ost, unter Verwendung eines Motivs von Robert Allertz. Es zeigt Blücher auf dem Rostocker Universitätsplatz. Das Denkmal wurde von Johann Gottfried Schadow entworfen, den Spruch auf der Bronzetafel (»In Harren und Krieg, / In Sturz und Sieg / Bewusst und groß, / So riss er uns von Feinden los.«) lieferte Goethe auf Bitte des Rostocker Rates. Das Denkmal wurde am 26. August 1819 enthüllt
Rücktitel: Robert Allertz

12,99 Euro

Die Bücher des verlags am park werden
von der Eulenspiegel Verlagsgruppe vertrieben

www.edition-ost.de

Inhalt

Zuvor 7

1. Tauroggen 9

2. Breslau und Kalisch 16

3. Das Volk steht auf 29

4. Großbeeren und Dennewitz 34

5. Die Völkerschlacht 40

6. Exkurs: Vom Nachleben 46

7. »Teutsche Festtage« 52

8. Jahrhunderthalle und Völkerschlachtdenkmal . . 58

9. Nach zwei Weltkriegen 64

10. Namen, nicht Schall und Rauch 72

11. Legenden vom Ritter und der Madonna 76

12. Bronze, Marmor und Feldgestein 81

13. Auf Leinwand und an Wänden 88

14. Befreiung ohne Freiheit 97

Gedichte und Lieder 103

Zuvor

Dieses Buch führt in die jetzt zwei Jahrhunderte zurückliegenden Geschehnisse eines dramatischen Jahres der preußischen und deutschen Geschichte, denen des antinapoleonische Krieges des Jahres 1813.

Die Darstellung setzt mit dem berühmten Konvention von Tauroggen ein, die am 30. Dezember 1812 zwei Generale, ein preußischer und ein russischer, schlossen, und führt bis zu dem nicht weniger berühmten Übergang der Armee des Marschalls Blücher bei Kaub über den Rhein in der Neujahrsnacht 1814.

Ereignisse wie die jenes Jahres hinterließen Spuren im Denken und Gedächtnis ihrer Zeitgenossen und nachfolgender Generationen. Von ihnen zeugen Reden, Lieder und Gedichte, die, inmitten der Kämpfe entstanden, mitunter zum Volksgut wurden und in Schul- und anderen Lehrbüchern bewahrt werden. Früher oder später kamen Gedenksteine, Denkmäler und Mausoleen hinzu, errichtet an Orten von Schlachten und Gefechten, an Geburts- und Sterbehäusern von Menschen mit besonderem Verdienst. Maler machten sich ihr Bild vom Geschehen und brachten es auf Leinwände. Historiker rekonstruierten nach mitunter weitläufigen Forschungen die Abläufe und bewerteten sie und deren Folgen. Bauten wurden mit Bezug auf das Geschehen und an ihm maßgeblich beteiligte Personen errichtet. Straßen, Plätze und Wege, militärische Einheiten und Waffen erhielten ihre Namen. An Jahrestagen veranstalteten (und veranstalten) Geschichtsvereine, entstanden an den Hauptorten der Handlungen, Feste und Feiern. Von diesem vielgestaltigen »Nachleben« des Jahres 1813 wird der zweite Teil des Bandes handeln.

Am Schluss des Textes soll versucht werden, und das mit dem Blick auf Spektakel, die gegenwärtig aus Anlass des 200. Jahrestages des Krieges stattfinden, die Frage zu beantworten, ob das Geschehen trotz aller zeitlichen Ferne uns Heutigen gedanklich und praktisch nicht mehr abverlangt als bloße und zu nichts verpflichtende Bekenntnisse zu Frieden und Versöhnung in Europa.

Kurt Pätzold,
Berlin, im Juni 2013

1. Tauroggen

Wie gelangen Orte, selbst solche, von denen der Volksmund herablassend sagt, es seien »Kaffs« oder »Käffer«, in die Schulgeschichtsbücher und in das Geschichtsbewusstsein vieler Generationen? Da sind meist Zufälle im Spiel. Es hätte, was sich da Bedeutsames, Folgenreiches und als denkwürdig Erachtetes ereignete, sich ebenso gut an einem einige Kilometer entfernten Platze zutragen können. Aber es geschah – in unserem Falle – in Tauroggen, einer damals, der Rückblick reicht in das Jahr 1812, im Zarenreich gelegenen Kleinstadt, dessen Teil sie nach der dritten Teilung Polens geworden war. Heute heißt der an der Fernstraße von Kaliningrad nach Riga gelegene Ort *Taurage* und gehört zum Staate Litauen.

Genau genommen hat sich die Episode, die sich am vorletzten Tag des Jahres 1812 dort zutrug und der in Verbindung mit Tauroggen gedacht wird, gar nicht dort ereignet, sondern in einer nahen Mühle des Dorfes Poscherunen, also in einem wahrhaftigen Kaff, dessen Namen sich Schüler deutscher Schulen viel schwerer hätten merken können als den von Tauroggen. Tau und Roggen waren ihren Zungen geläufig.

Dort verhandelten zwei Generale, ein russischer und ein preußischer, Befehlshaber bis dahin verfeindeter, einander gegenüberstehender Armeen, über einen Waffenstillstand und brachten ihn auch zustande. Damit scherte die preußische Armee, die bis dahin am Feldzug Napoleons und seiner Grande Armée gegen Russland beteiligt gewesen war, aus diesem Kriegsbündnis aus.

Noch waren die Seiten vom preußischen Kontingent nicht vollständig gewechselt, aber doch die Seite des Franzosenkaisers schon verlassen, auf der es bis dahin gestanden hatte. Der sich anbahnende Wechsel der Bündnispartner gilt als Signal und Auftakt für den im folgenden Jahr geführten sogenannten Befreiungskrieg, der die napoleonische Fremdherrschaft für Preußen und die deutschen Mittel- und Kleinstaaten beendete.

Wegen dieser Folgen ist die Tat zu Recht gefeiert worden.

Das verdiente sie aber auch aus einem Grunde, der darüber in die zweite Reihe der Erinnerung, wenn nicht in deren Hintergrund, geriet.

In Tauroggen hatte sich ein preußischer Generalleutnant zu einem Schritt entschlossen, der ihn vor einem absehbaren militärischen Debakel bewahrte und Tausenden seiner Soldaten, wenigstens vorerst, das Leben rettete. Dafür hatte er kein Plazet und keine Deckung durch seinen König. Im Kern handelte es sich also um die Verweigerung der weiteren Befolgung seines Auftrags, als Hilfskorps an der Seite der Franzosen und unter deren Kommando weiter zu kämpfen. Kurzum: um eine Befehlsverweigerung.

In welchem Staate würde je an solches Ereignis gern erinnert worden sein? Und obendrein in Preußen!

Tatsächlich hat der im fernen Berlin befindliche König den General wegen dieser Eigenmächtigkeit von seinem Kommando entbunden, worum der sich aber wiederum nicht scherte.

Das sind Details, die zur Erziehung befehlsgehorsamer Staatsbürger nicht recht taugen. Und so wurde von den Geschichtsschreibern der Hohenzollern die Befehlsverweigerung nicht weiter erörtert, sondern in den Darstellungen des dann folgenden Krieges ohne Wertung allenfalls untergebracht, wenn nicht gar unterschlagen.

Beginnen wir mit den handelnden Personen und den beiden Militärs, welche die Konvention von Tauroggen am 30. Dezember 1812 unterzeichneten, also mit dem Preußen und dem Russen – da stockt die Feder. Denn: Hans

Karl Friedrich Anton Graf von Diebitsch-Sabalkanski (der russsich-sprachige Zusatz zu seinem Namen wurde erst 1828/29 im Balkankrieg erworben und besagt soviel wie »über den Balkan«) entstammte einem alten schlesischen Adelsgeschlecht. Seine Vorfahren hatten in preußischen und russischen Diensten und dort in der Umgebung des Königs und des Zaren gestanden, unter anderem in denen Friedrichs II. Geboren wurde Diebitsch von einer adligen, aus Bayreuth gebürtigen Dame namens Marie Antoinette von Erckert, und das geschah im seit 1763 definitiv preußischen Niederschlesien. Seine Ausbildung zum Kadetten erhielt er in Berlin, bevor er, vom preußischen König aus dessen Armee entlassen, 1801 in die des Zaren eintrat.

Solcher Wechsel war ein damals nicht so seltener Vorgang. Wie heute professionelle Fußballsportler über Staatsgrenzen hinweg ihre Dienste einmal diesem, dann jenem Verein anbieten und leisten, so ähnlich geschah es damals mit professionellen Militärs.

So hätte Diebitsch, bei ein wenig anderem Verlauf der Biografie des damals 30-Jährigen, durchaus auch auf der anderen Seite jenes Tisches sitzen können, an dem er und Yorck einander in der Mühle begegneten.

Sein Vis-à-vis hingegen, Johann David Ludwig Graf Yorck von Wartenburg, der sich damals den Grafen von Wartenburg noch nicht verdient hatte, war ein echter Preuße von Geburt und zur Welt gekommen, wie es sich für einen solchen gehörte, natürlich in Potsdam. Das lag 53 Jahre zurück, und so hätte er gemessen am Alter gut der Vater seines Verhandlungspartners sein können. Anders als der Adelstitel *von Diebitsch* war der Yorcks, eines sehr vorehelichen Kindes einer Handwerkertochter, mit Zweifeln behaftet.

Genug der Biografien.

Aufeinander getroffen waren die beiden so: Diebitsch hatte, nachdem er als Secondeleutnant aus der preußischen Armee entlassen worden war, in der des Zaren eine steile

Karriere gemacht. Er nahm an deren Schlachten 1805 bei Austerlitz, dann 1807 bei Eylau und Friedland teil und war kontinuierlich befördert worden. Im Feldzug gegen Napoleons Truppen 1812 gehörte er zu den Truppen von Ludwig Peter zu Sayn-Wittgenstein und wirkte dort als Generalstabsoffizier. Kurz vor seinem Treffen in Tauroggen war er zum Generalmajor befördert worden und das mit 27 Jahren. Er hatte geholfen, den Franzosen den Weg nach St. Petersburg zu verlegen, sie zum Rückzug gezwungen und gegen Jahresende mit dem Korps den Boden Preußens erreicht.

Yorcks Weg war länger und gänzlich anders verlaufen. Anfänglich, 13-jährig, war auch er ein Kindersoldat in der preußischen Armee des großen Friedrichs gewesen. Wegen Aufmüpfigkeit gegenüber Vorgesetzten zu einem Jahr Festung verurteilt und aus der Armee entfernt, begab er sich in niederländische Dienste. Die führten ihn ins südafrikanische Kapstadt und auf französischer Seite in den sogenannten Ostasienkrieg. Nach Preußen zurückgekehrt, nahm ihn 1787 der Nachfolger von Friedrich II., König Friedrich Wilhelm II. als Offizier wieder in die Armee auf, in der er zwar eine Karriere bis zum Generalleutnant machte, jedoch die Teilnahme an irgendwelchen Schlachtensiegen nicht vorweisen konnte. 1806 geriet er, wenngleich nur für kurze Zeit, in französische Gefangenschaft. 1812 wurde ihm der Oberbefehl über jenes Hilfskorps übertragen, das zur von MacDonald geführten 10. Armee gehörte, die bei Napoleons Feldzug gegen Russland im äußersten Norden operierte und damit weitab war von der massenmordenden Schlacht von Borodino und der Katastrophe des Rückzugs an der Beresina.

Diese beiden Generale also, die bei ihrem Treffen Schwierigkeiten der sprachlichen Verständigung nicht hatten, unterzeichneten am vorletzten Tag des Jahres 1812 ein Abkommen, mit dem sich Yorck und dessen Truppen von dem bisherigen Bündnis mit den Franzosen und den

Generalen, denen er bis dahin unterstellt war, lossagte und sich gegenüber dem russischen Gegner für neutral erklärte. Der Russe gewährte in dem sieben Artikel umfassenden diplomatischen Papier, das als *Konvention von Tauroggen* in die Geschichte einging, den Preußen den Verbleib auf einem genau beschriebenen »Landstrich«. Dort würde das Korps von den Truppen des Zaren nicht angegriffen werden, die jedoch, ohne Quartier zu nehmen, sich ein Durchmarschrecht sicherten, das ihnen die Verfolgung der westwärts weichenden französischen Truppen sicherte.

In den weiteren Artikeln waren für das Verhalten der preußischen Korps mehrere Möglichkeiten vorgesehen. Sollte es den königlichen Befehl erhalten, sich wieder zur französischen Armee zu begeben, würde ihm das erlaubt werden, doch müsse es dann sich für die Dauer von zwei Monaten jeder Feindseligkeit gegen die Russen enthalten. Sollte hingegen den Preußen befohlen werden, in eine andere Richtung abzumarschieren, würde auch das gestattet werden.

Diese feinsinngen Regelungen schützten Yorck vor dem Vorwurf, sich gegen den eigenen König erhoben und von ihm losgesagt zu haben und konnten zudem den – freilich nicht sehr überzeugenden – Eindruck erwecken, dass seine Trennung vom französischen Oberbefehl womöglich nicht endgültig und für immer sei. Im Weiteren wurde bestimmt, dass vom Corps abgesprengten Teilen gestattet werden würde, sich auf das beschriebene Territorium zu begeben. Ferner war geregelt, wie sich die preußischen Truppen am Orte verpflegen konnten.

Bei aller Vagheit der Aussagen über künftige Entwicklungen und allen Rückversicherungen musste der Schritt, wo er bekannt wurde, als Wende und Signal verstanden werden. Zumal vielerorts in Preußen angesichts der Niederlage Napoleons in Russland die Hoffnung auf ein Ende der französischen Besatzung gleichsam ins Kraut schoss.

In Verlegenheit brachte die Entscheidung des Generals vor allem den »Verbündeten« Napoleons in Berlin, den Preußenkönig Friedrich Wilhelm III. Er reagierte auf Yorcks Eigenmächtigkeit damit, dass er ihm das Kommando entzog, freilich ohne einen Nachfolger ernennen zu können. Das ließe sich als Winkelzug interpretieren, unternommen aus Gründen eigener Sicherheit, denn an der Spree befand sich der Monarch – anders als sein Hilfskorps im Norden der Provinz Preußen – noch in Reichweite französischer Besatzungstruppen.

Doch war die Enthebung so nicht gemeint, denn dann wäre es überflüssig gewesen, von Yorck eine Rechtfertigung seines Entschlusses zu fordern und eine Kommission, bestehend aus drei preußischen Generalen, einzusetzen, nach deren Bericht sich der Monarch überzeugt zeigte, dass Yorck »ganz vorwurfsfrey« sei. Mit dem Freispruch verbreitete der König jedoch die Version, dass es nur äußere, durch die militärische Lage diktierte »Umstände« waren, die den General bewogen hätten, die »sehr vortheilhaften Bedingungen der ihm angetragenen Convention« anzunehmen.

Dass ein preußischer General eine keineswegs und gar nicht in erster Linie nur militärisch begründete, sondern zugleich hochpolitische und folgenreiche Entscheidung traf, die zur Haltung des Monarchen in klarem Widerspruch stand, gab es in der Geschichte der Hohenzollern bis dahin noch nie. Dabei hatte Yorck, ohne dass er als ein Rebell wider den König erscheinen wollte, diesem in einem Schreiben die politischen Motive mitgeteilt, die sich mit seinem Schritt verbanden: »Jetzt oder nie ist der Moment, Freiheit, Unabhängigkeit und Größe wiederzuerlangen. Ich schwöre Ew. Königlichen Majestät, dass ich auf dem Sandhaufen ebenso ruhig wie auf dem Schlachtfelde, auf dem ich grau geworden bin, die Kugel erwarten werde.«

Auf dieser Linie lag, dass der General in einer Ansprache am 5. Februar 1813 in Königsberg den Landtag aufgerufen hatte, eine Landwehr zu formieren. Es begann die *Volkserhebung*.

Welcher Anteil daran dem General – der bis auf den heutigen Tag durch nichts mehr fortlebt als durch Beethovens 1808 komponierten Marsch Nr. 1, der ursprünglich für die böhmische Landwehr bestimmt war, dann aber zum »Yorckschen Marsch« wurde – selbst immer zuzumessen ist: sie war nicht durch eine einzelne Tat ausgelöst, die zudem auch nicht die Tat eines Einzelnen war.

Yorcks Schritt resultierte aus vielen Impulsen. Nicht zuletzt aus der Haltung und dem Drängen seiner Offiziere, die, wenn sie nicht schon 1812 gegen den ihnen erteilten Bündnisbefehl eingenommen waren, es nun satt hatten, weiter an der Seite der geschlagenen Truppen Napoleons zu kämpfen und deren Rückzug nach Westen zu decken. Zum anderen hatten die russischen Gegner dem preußischen Hilfskorps, seit die Große Armee Napoleons sich geschlagen zurückzog, die Bereitschaft signalisiert, nach einer Übereinkunft den Kampf einzustellen. Daran besaßen jene preußischen Zivilisten und Militärs wiederum einen Anteil, die nach dem Frieden von Tilsit 1807 sich nach Russland begaben und dort Vorkehrungen trafen für die Wiederaufnahme des Kampfes gegen Napoleon, die Errichtung eines reformierten preußischen Staates und die Formierung einer Armee, die anders sein sollte als jene, die bei Jena und Auerstedt vernichtend geschlagen worden war.

Obgleich also viele eine Anteil an der Wende besaßen: Tauroggen hat einen Namen – Yorck. Der zog an der Spitze seines Korps am 18. März, von Bewohnern begeistert begrüßt, in Berlin ein, das die letzten französischen Truppen auf ihrem Rückzug nach Westen am 4. März verlassen hatten. Seinen König traf er dort nicht an. Der hatte aber am 11. März immerhin die Verurteilung des Generals in einer öffentlichen Erklärung zurückgenommen.

2. Breslau und Kalisch

König Friedrich Wilhelm III. hatte die Stadt an der Spree am 22. Januar verlassen, um seine Residenz zeitweilig in jene Provinz zu verlegen, die sein Großonkel Friedrich II. den Habsburgern in drei Kriegen unwiderruflich abgenommen hatte. Die Reise in das niederschlesische Breslau dauerte drei Tage. Dort war von seinem berühmten Vorfahren ein als Schloss geeigneten Palast gekauft, erweitert und eingerichtet worden. Das bezog der Großneffe nun in einem Moment, der von ihm, der als ängstlich und zögernd beschrieben wird, verlangte, was ihm am schwersten fiel: Entschlüsse zu fassen. Die dort unumgänglich fielen, verschafften dem Gebäude und – davon ausstrahlend – der Stadt in der Geschichte des Befreiungskrieges eine gewisse Berühmtheit, wiewohl sich in seiner Umgebung nennenswerte militärische Ereignisse nicht ereigneten. Später entstand am Orte ein Museum, das es heute im polnischen Wroclaw wieder gibt.

Durch des Königs Um- und Einzug erhielt die Stadt einen besonderen Platz in der Geschichte eines Krieges, freilich eines ganz anderen als jene drei, die Friedrich II. um den Besitz dieser Provinz geführt hatte. In Breslau versammelten sich nicht nur Männer, die auf Schlachtfelder zogen, sondern auch Politiker und Militärs, die den König zu Entscheidungen zu drängen verstanden, die in Preußen und über dessen Grenzen hinaus als Appelle wirkten, der Fremdherrschaft ein Ende zu setzen und im Bündnis mit den Truppen des Zaren Napoleon zu besiegen.

Seit Generationen stehen die Namen von Hardenberg und Stein, von Clausewitz, Blücher und Scharnhorst in deutschen Schulgeschichtsbüchern, jener Männer also, die damals und dort entscheidenden Einfluss auf den Gang der preußischen und darüber hinaus der deutschen Geschichte nahmen. Das herausragende politische Verdienst erwarb sich Heinrich Friedrich Karl Freiherr vom und zum Stein, Initiator jener Reformen, mit denen begonnen wurde, aus Preußen einen anderen Staat zu machen, als den 1807 vernichteten und damals um die Hälfte seines Territoriums amputierten. Stein kehrte 1812/13 als ein Berater des Zaren mit dessen Armee nach Preußen zurück und gewann wesentlichen Einfluss auf den Abschluss der russisch-preußischen Bündnisse und deren inhaltliche Bestimmungen.

Es waren diese Männer, die Friedrich Wilhelm zum indirekten und dann öffentlichen Frontwechsel, der Lossage von Frankreich samt einer offiziellen Kriegserklärung und zuvor zur Herstellung eines Militärbündnisses mit Russland bewegten. Die ersten Schritte betrafen die Schaffung einer Armee, die sich derjenigen Napoleons entgegenstellen konnte. Die entstand durch die Ausrufung der Allgemeinen Wehrpflicht für alle Jünglinge und Männer im Alter vom 17. bis zum 24. Lebensjahr, womit die in den Jahren zuvor vollzogene Heeresreform abgeschlossen, wofür das entsprechende Gesetz jedoch erst am 3. September 1814 erlassen wurde. Bisher geltende Freistellungen wurden aufgehoben.

Schon am 3. Februar gestattete eine Ordre, erlassen von Staatskanzler Hardenberg, zudem die Bildung eines aus Freiwilligen formierten Königlich-preußischen Freikorps, einer militärischen Einheit unter eigener Führung, deren Angehörige für ihre Einkleidung, Bewaffnung und sonstige Ausrüstung (Pferde) selbst zuständig waren und auch während ihrer Kriegszüge für sich zu sorgen hatten. Sie sollten, wie es hieß, »die Reihen der älteren Verteidiger des Vaterlandes verstärken« und zugleich deren schnelle Vermehrung ermöglichen, »während die finanziellen Verhältnisse keinen größeren Aufwand verstatteten«. Angesichts der antinapoleonischen Stimmung in der Bevölkerung schien es möglich, dass diese Korps – abgetrennt von der Armee und im noch vom Feind beherrschten Hinterland – kämpfend und mobilisierend operierten. Zu den Neuerungen gehörte, dass – nachdem sie in Preußen die Bürgerrechte erhalten hatten – die Juden auch in den Streitkräften zugelassen waren. In Breslau fand am 11. März 1813 in der Synagoge die feierliche Einsegnung der jüdischen freiwilligen Jäger statt.

Hardenbergs Erlass war der Ausgangspunkt zur Bildung des berühmtesten dieser Korps – berühmt weniger durch herausragende Kriegstaten als durch eine Reihe von Personen, die sich zu ihm drängten und nach Breslau kamen, um sich in dessen Fuß- oder berittene Gruppen einzureihen. Zu den namhaften Mitgliedern des Korps gehörten Joseph Karl Benedikt Freiherr von Eichendorff, der als Dichter und Schriftsteller Berühmtheit erlangte, Friedrich Friesen, der in einem Geheimbund seit Jahren an der Vorbereitung eine Erhebung gegen Napoleon beteiligt gewesen war, Friedrich Fröbel, dessen Wirken in der Geschichte der Pädagogik einen Platz besetzt, Friedrich Ludwig Jahn, bekannt als der »Turnvater«, und der 1795 geborene Ernst Ferdinand August, eben noch Primaner am Grauen Kloster in Berlin und Verfasser des Gedichts »Mit Mann und Ross und Wagen«, das den Untergang der Grande Armée in Russland schildert. Er sollte später ein bekannter Physiker und Metereologe werden.

Das Lützowsche Korp erhielt den Namen nach seinem Kommandeur, dem Major Ludwig Adolf Wilhelm von Lützow. Er war der Spross eines mecklenburgischen Adelsgeschlechts, der als 13-Jähriger in die preußische Armee eingetreten war und zu den Teilnehmern der Schlacht bei Jena und Auerstedt und des Kampfes um die Festung Kolberg gehörte, dann jedoch seinen Abschied nahm. 1811 kehrte er in die Armee zurück. Mit der Unterstützung von Scharnhorst bekam er vom preußischen König im Februar 1813 die Genehmigung, ein »Frei-Corps« zu bilden. Darauf wurde in Breslau ein Werbebüro eingerichtet, das zu einem Sammelpunkt nicht nur junger Preußen, sondern auch von Angehörigen anderer deutscher Staaten wurde. Schon am 17. März zählten die vier Kompanien der Infanterie zehn Offiziere, 56 Oberjäger, einen Chirurgen, zwölf Spielleute, 627 Jäger sowie fünf Offiziere, 26 Oberjäger, sechs Trompeter, 204 Jäger und 218 Pferde.

Ende März schon, also schlecht ausgebildet, brachen die Lützower, die wegen ihrer Uniform auch die *Schwarzen Jäger* genannt wurden, mit dem Vorsatz auf, Streifzüge durch das noch französisch besetzte Land zu unternehmen und feindliche Truppen in deren Hinterland zu bekämpfen, also gleichsam als Partisanen zu handeln. Auf dem Wege westwärts wurden sie am 27. März 1813 in der Dorfkirche zu Rogau vom Pfarrer des Ortes eingesegnet, der sie in einem Atemzuge die »Schar der heiligen Rache« nannte und einschwor, ihre Menschlichkeit nie zu verleugnen. Die Szene hat später ein W. Friedrich (1846-?) in einem eindrucksvollen Gemälde dargestellt. Tags darauf brachen die Lützower aus dem Gebiet um den Berg Zobten in Richtung Sachsen auf.

Ruhm und Nachruhm des Lützowschen Korps, das etwa ein Jahr existierte, überstiegen weit seine tatsächliche, nach einheitlichem Urteil von Historiken militärisch weitgehend bedeutungsarme Rolle. Doch wirkte sein Auftauchen auf Streifzügen in Sachsen und bis nach Norddeutschland mobilisierend auf die antifranzösische Haltung der Bewohner. Dass die Lützower im preußisch-deutschen Geschichtsbild die populärste Truppe des Krieges wurde, geht großen Teils zurück auf das rühmende Gedicht eines ihrer Offiziere, Theodor Körner, das 1813 geschrieben und 1814 von Carl Maria von Weber vertont wurde. Es gehörte lange zum obligatorischen Programmteil von friedfertigen deutschen Männerchören.

Und dies ungeachtet der Tatsache, dass in »Lützows wilder verwegener Jagd« Kriegshandlungen als Jagd, zudem als »deutsche Jagd«, bezeichnet wurden, bei der »das Hurra jauchzet« und »die Büchse knallt«, als ginge es auf Hasen oder Wildschweine. Es focht die Sänger nie an. In den Strophen wechseln Bilder, die Assoziationen zu den Vergnügungen des Waidmanns wecken, mit solchen von blutigen Schlachten gegen »fränkische Schergen« und »winselnde Feinde«.

Als das Freikorps sich auf den Weg in die Kämpfe machte, war der entscheidende Schritt auf dem Weg in den Krieg schon einen Monat vorher am 28. Februar mit einem Abkommen getan worden. Es ging als Vertrag von Kalisch (poln. *Kalisz*) in die Geschichte des Befreiungskrieges ein, da die Übereinkunft iu dem von der Zarenarmee am 13. Februar 1813 besetzten Ort, in dem sich seit kurzem das russische Oberkommando befand, getroffen wurde. Dorthin war mit den preußischen Vorschlägen für ein Militärbündnis der Oberst und Generaladjutant des Königs, Karl Friedrich von dem Knesebeck, entsandt worden. Die Vereinbarung legte den Mindestumfang des Truppenkontingents fest, das jeder der beiden Staaten im Krieg gegen Napoleon aufzubieten hatte. Nicht weniger wichtig war dem König samt dem Hofe, dass sich der Zar als ein Kriegziel auf die Wiederherstellung Preußens in den Grenzen von 1806 festlegte. Davon ausgenommen blieb das Kurfürstentum Hannover. Korrekturen, denen allerdings weitere, jedoch nicht wesentliche 1815 auf dem Wiener Kongress folgten, betrafen Gebiete die Preußen bei den Teilungen Polens gewonnen hatte.

Dann waren noch einmal zweieinhalb Wochen vergangen, bis der König am 17. März einen Aufruf, wie er formulierte, an »mein treues Volk« richtete, in dem er für seine Adressaten mehrfach auch die Kennzeichnung Preußen und Deutsche benutzte. So und mit dieser Wendung hatte sich vor ihm kein Hohenzoller an die »Untertanen«, auch der Begriff fehlte in dem Appell nicht, gewandt. Aufgerufen wurden sie, die Fremdherrschaft abzuschütteln, deren Wirkungen auf die Bevölkerung zunächst wortreich geschildert wurden. Von seiner eigenen Rolle in jenen Jahren der Unterwerfung sagte der Monarch einzig, dass er Napoleon zu überzeugen gesucht habe, dass Preußens Selbstbestimmung auch diesem nützlicher sein würde. Jedoch vergeblich. (Selbstredend war von der Entsendung des preußischen Hilfskorps gegen die Russen die Rede nicht.) Nun, da die Gelegenheit und die Zeit gekommen wäre, solle und müsse das Volk Opfer für das Vaterland und seinen »angeborenen König« bringen.

Die Tatsache dieses Aufrufs allein und seine Adressaten bezeichneten mehr eine politische Wende als dessen Inhalt und Stil: Letztere verrieten jedoch, wohin es nach dem Sieg gehen sollte. Die Jahre vor 1806 wurden als »glückliche Zeit« apostrophiert, die wiederkehren werde. Daran müssten sich Preußen, Brandenburger, Schlesier, Pommern und Litauer erinnern und ebenso »an die Vorzeit, an den großen Kurfürsten, den »großen Friedrich«, als Güter wie »Gewissensfreiheit, Ehre, Unabhängigkeit, Handel, Kunstfleiß und Wissenschaft« blutig erkämpft worden wären. Ein weiterer Ton war angeschlagen mit dem anspornenden Verweis auf die jüngsten Kämpfe der Russen, Spanier, Portugiesen, Schweizer und Niederländer. Das Übrige war das auch später wiederkehrende Propagandavokabular: Existenz, Unabhängigkeit, Wohlstand, gerechte Sache, heilige Güter, glorreicher Friede. Schon wenige Jahre später hätte der Aufruf in manchen Passagen zur geheimen staatlichen Verschlusssache erklärt werden können, wäre er nicht so weit verbreitet und bekannt gewesen. Sein Erstdruck erfolgte in der »Schlesischen privilegierten Zeitung« am 20. März 1813. Nicht alle Preußen hatten die Versprechen vergessen, als der Sieg erfochten war.

Am Tage dieses Aufrufs erging auch die Ordre über die Aufstellung der Landwehr; also die Bewaffnung aller Wehrfähigen nach dem Vorbild, das in der Provinz Preußen gegeben worden war. Die Formierung eines Landsturms solle später erfolgen. Wortreich war auch dieser Erlass an »mein getreues Volk«. Er schloss mit dem Satz: »Meine Sache ist die Sache meines Volkes, und aller Gutgesinnten in Europa!« In ihm war weder Frankreich genannt noch fiel der Name Napoleons. Es gelte »gegen fremde Unterdrückung«, für »unsere Unabhängigkeit« und »die Ehre des Volkes«.

Des Königs Rufe nach dem Volke blieben nicht die Einzigen. In Reimen hat auch der zu den Lützower Jägern eingerückte Theodor Körner einen »Aufruf« verfasst. Das war kein Gegenentwurf, so dass auch der König mit den Versen vollständig zufrieden sein konnte. Ganz im Sinne des Monarchen wurde darin sowohl die Vorzeit im »heil'gen Siegerglanze« und das »alte Volk des Siegs« angerufen und dann schwärmerisch erbeten, die zu einer preußischen Madonna und Märtyrerin stilisierte Luise, die 1810 verstorbene Ehefrau des Monarchen, solle »segnend um den Gatten schweben«. Königliche Zustimmung konnten ebenso die »heilige Sache«, der »gerechte Sieg« und die wolkigen Zielangaben des Kampfes, der Wiedergewinn von »Recht, Sitte, Tugend«, finden. Selbst der Begriff Freiheit war nicht irritierend oder gar kontrapunktisch, enthielt ihn doch auch der Aufruf Friedrich Wilhelms III., in dem auf die von Napoleon geraubte »Freiheit des Handels« hingewiesen und die »Gewissensfreiheit« erwähnt wurde, die in Preußen einst geherrscht habe. So präzise hatte sich Körner nicht ausgedrückt, bei ihm gab es der Freiheit »Ruf« und »Licht«, dazu die »Gasse«; die ihr geschaffen werden solle, und dazu noch der »Freiheit ew'ges Morgenlicht«.

Zum Kampf rief in einer »Proclamation an die Deutschen« am 25. März 1812 auch »im Namen Sr. Maj. des Kaisers und Selbstherrschers aller Reußen, und Sr. Maj. des Königs der Preußen Fürst Kutusow-Smolenskoi, General-Feldmarschall und oberster Befehlshaber der verbündeten Heere«. Dessen Text konzentrierte sich auf die Formulierung der Kriegsziele und suchte erwartete Vorbehalte gegen das Erscheinen der Verbündeten in den deutschen Ländern abzubauen, deren Fürsten sich noch nicht von Napoleon losgesagt hatten. Dieser Krieg ziele auf die »Rückkehr zu Freiheit und Ehre«. Es werde nach dem Sieg die Gestaltung des »wiedergeborenen Deutschland ... ganz allein den Fürsten und Völkern anheimgestellt bleiben«. Die deutschen Fürsten wurden unmissverständlich aufgefordert, den Rheinbund zu verlassen und seiner Existenz ein Ende zu setzen, was mit der wenig versteckten Drohung verbunden wurde, ihnen könnte andernfalls die »verdiente Vernichtung« durch die öffentliche Meinung und auch durch die Kraft de Waffen zuteil werden. Frankreich wurde versichert, dass es in seinen »rechtmäßigen Grenzen« existieren und sich ganz »mit der Beförderung seiner inneren Glückseligkeit« beschäftigen könne.

Keine Frage, Friedrich Wilhelm, hier an des Zaren Seite, unternahm alles, was das ramponierte Ansehen des Herrscherhauses aufzubessern vermochte. Dabei tat seine Schwägerin mit. Marianne von Preußen (1758-1846) war die Initiatorin eines »Aufrufs der königlichen Prinzessinnen an die Frauen im preußischen Staate«, sich durch Spenden ihres Schmuckes einschließlich ihres Eherings zu entledigen, dessen Gegenwert in die Kriegskasse fließen sollte. So kam jene Kampagne in Gang, die mit der Wendung »Gold gab ich für Eisen« popularisiert wurde und deren Teilnehmer einen eisernen Fingerring mit dieser Gravour erhielten. Zudem gründete die Dame, die nach Luises Tod so etwas wie die First Lady im preußischen Königreich geworden war, einen »Vaterländischen Frauenverein«.

Zu den Maßnahmen, die Kampfeswillen und -mut der preußischen Soldaten befeuern sollten, gehörte auch die Stiftung eines Ordens, der, abweichend von aller bisherigen Praxis, nicht allein Offizieren vorbehalten sein sollte, sondern auch für jeden gemeinen Mann bestimmt war, der sich im Kampfe hervortun werde. Auf den 10. März, Luises drei Jahre zurückliegenden Todestag, zurückdatiert war die vom König unterzeichnete Stiftungsurkunde über die Verleihung des Eisernen Kreuzes. Nur wenig später begann die Geschichte jener Dekoration von Kriegern, die sich, durch Entscheide der jeweils Herrschenden verlängert, über die Jahre 1870, 1914 bis 1939 fortsetzte. Ihr Ende 1945 bedeutete jedoch nicht auch das Ende der Verwendung des damals gefundenen Zeichens. Es findet sich bis heute noch an Kriegsgeräten der Bundeswehr, so auf Eisenplatten gepanzerter Fahrzeuge und Rümpfen von Flugzeugen. Diese Fortsetzung missachtete die Bestimmung Friedrich Wilhelms, die gelautet hatte, dass »die eigentümliche Auszeichnung nach diesem Kriege nicht weiter verliehen« werden solle. Nun, im zweiten Jahrzehnt des 21. Jahrhunderts wird der Orden alsbald, verursacht durch das biologisch bedingte Ende der letzten, die ihn in Hitlers Welteroberungskrieg verliehen bekamen, im Original nur noch in Museen und Familienschatullen zu sehen sein und da in korrigierter Fassung. Die alliierten Siegermächte verboten 1947 in einem gemeinsamen Erlass ihres Kontrollrates das öffentliche Zeigen faschistischer Symbole, was bedeutete, dass das Hakenkreuz aus dem Orden entfernt werden musste. Daran hielten sich jene Bürger der Bundesrepublik, die sich so dekoriert noch öffentlich zeigen wollten und die reichten bis zu einem Vizekanzler in Bonn, der Berufssoldat der Wehrmacht gewesen war und es bis zum Major gebracht hatte. Im deutschen Oststaat war das Tragen jeglicher deutscher Orden und Medaillen aus Zeiten der Weltkriege hingegen verpönt.

Die Stiftungsurkunde von 1813 gab über ihren direkten Zweck hinaus zu erkennen, wie Seine Majestät sich die Darstellung der jüngsten Geschichte Preußens, also die der eben vergangenen sechs bis sieben Jahre nach Jena, Auerstedt und Tilsit dachte. Es habe das Volk in dieser »eisernen Zeit … nur auf Religion und auf treue Anhänglichkeit an König und Vaterland sich stützend, ausharren« können. Im Einzelnen wurde bestimmt, dass der Orden in zwei Klassen und auch als Großkreuz verliehen werden solle und nicht nur für Verdienste, die in Schlachten und Gefechten erworben worden waren, sondern auch »daheim«. Beschrieben wurde die Gestaltung des Zeichens so: »ein ganz gleiches in Silber gefasstes schwarzes Kreuz von Gusseisen, die Vorderseite ohne Inschrift, die Kehrseite zu oberst Unsern Namenszug F. W. mit der Krone, in der Mitte drei Eichenblätter und unten die Jahreszahl 1813.« Darauf folgten Bestimmungen über die Trageweise. Abschließend wurde das Ganze durch »Unsere allerhöchsteigenhändige Unterschrift« beurkundet.

Also: Der Vertrag von Kalisch war schon geschlossen, der Appell an das Volk ergangen, mit der Vergrößerung und Erweiterung der Armee entschlossen begonnen worden und der Orden für die Kriege gestiftet, als am 27. März 1813 in Paris vom dortigen Gesandten Preußens die Kriegserklärung an Frankreich übergeben wurde. Die konnte niemanden mehr überraschen, am wenigsten den Kaiser der Franzosen. Der befand sich, nachdem er die westwärts ziehende, ja sich dahinschleppenden Reste der Grande Armée verlassen hatte, seit dem 22. Dezember 1812 wieder in Paris. Die Fragen: Was nun? Und Was tun? hatte er rasch entschieden. Vor der Wahl, nach der in Russland erlittenen Niederlage beim Zaren um Friedensschluss nachzusuchen oder einen neuen Feldzug zu unternehmen, entschied er sich für die Fortsetzung des Krieges. Das geschah im Glauben, dass seine Armee nicht vom Feinde geschlagen worden sei, sondern an den Strapazen des Marsches nach Moskau, durch Krankheiten und Kälte und auch als Folge seiner falschen Entscheidung über die Strategie des Feldzuges gescheitert wäre. Nun gedachte er die Zarenarmee zwischen Weichsel und Njemen zu schlagen. Wenn auch mit anderen Vorstellungen war Alexander I. dafür, den Krieg bis zur Kapitulation oder Vernichtung des Gegners fortzusetzen. Dabei gab es auf beiden Seiten Marschälle und Generale, die Anhänger eines Friedensschlusses waren. Die einen, weil sie vorhersahen, welche Massen von Opfern neue Schlachten, in denen sie keinen Sinn erblickten, fordern würden. Andere in Napoleons Umgebung auch aus dem Bewusstsein, dass die Franzosen das dauernde Kriegführen, nun unter dem Eindruck der Masse der Umgekommenen auf dem Weg nach und von Moskau, satt hatten und es unmöglich war, noch einmal eine Armee zu formieren, die der vom 24. Juni 1812 gleichkam.

Jedoch weder im Hauptquartier des Zaren noch in Paris fanden die Friedenswilligen Gehör. Napoleon war tagaus, tagein damit befasst, eine neue Armee zu schaffen, wozu immer jüngere Jahrgänge einberufen und rasch ausgebildet wurden. Mit ihnen, den Resten der Armee des Jahres 1812 und den aus besetzten Gebieten herangezogenen Truppen, soweit sie dort entbehrlich waren, wollte er seine neue Streitmacht formieren, in den Rheinbundstaaten versammeln und sie gegen die Zarenarmee führen. Deren Truppen waren inzwischen westwärts, unter Umgehung französischer Festungen, vorgerückt, die Oder lag schon hinter ihnen, eine ihrer Vorausabteilung hatte am 18. März Hamburg erreicht. Am 27. März waren sie nach Dresden gelangt. Dort hatte sich der von Napoleon zum König erhobene Friedrich August I., anstatt wie sein preußischer Nachbar die Seite zu wechseln, zunächst ins Habsburgische davongemacht, wo sich Kaiser Franz I., ebenfalls noch nicht von Napoleon, seinem Schwiegersohn, losgesagt hatte.

Bevor die russischen und preußischen Armeen Sachsen erreichten, hatten deren Oberkommandierende sich an dessen Bewohner gewandt. Ludwig Adolph Peter Graf von Sayn-Wittgenstein, Oberbefehlshaber der vereinigten russischen und preußischen Truppen, versicherte ihnen am 23. März aus seinem Berliner Hauptquartier, sie als »Brave Sachsen« anredend, sie würden nicht als Feinde, sondern als künftige Bundesgenossen betrachtet und sollten auch von ihrem König nicht abgetrennt werden, der sich nicht frei entscheiden könne. Und Blücher hatte am gleichen

Tage den Bewohnern des Landes, die er ein »edles und aufgeklärtes Volk« nannte, ebenfalls versichert, es gehe einzig um ihre Freiheit und sie sollten die Fahnen des Aufstands ergreifen. Ein weiterer Appell Blüchers ermahnte die preußischen Soldaten sich gegenüber den Landeseinwohnern würdig zu benehmen.

Der Aufmarsch der Truppen ließ absehen, dass die gegnerischen Hauptkräfte in Sachsen und im Süden Brandenburgs aufeinander treffen würden. Von dort wollte Napoleon nach Berlin und Schlesien vordringen und dann weiter ostwärts. Seine Siege sollten vor allem auch Österreich, das wie Preußen sich zwangsweise zu einem Verbündeten des Franzosenkaisers gemacht hatte, hindern, die Fronten zu wechseln und die Rheinbundstaaten auf seiner Seite halten. Mitte April brach Napoleon von Paris zu seiner Armee auf. Nach kurzem Zwischenaufenthalt in Mainz erreichte er Erfurt. Zu dieser Zeit suchten die Verbündeten die Elbe am Mittellauf zu erreichen und zu überschreiten, während die Franzosen Magdeburg auf der ostwärtigen Seite des Flusses die Festung im Vorfeld verteidigten. Dabei kam es am 5. April zur ersten aus drei Gefechten bestehenden Schlacht bei Möckern, die zwar für die folgenden Auseinandertreffen bedeutungslos war, aber bewies, dass die Truppen Napoleons zu schlagen waren. Doch die Zeit de Kriegswende war noch nicht erreicht.

Und ihr folgte die dem gleichen Zweck, der Stärkung des Todesmutes der Krieger, dienende Order über das öffentliche Andenken, das den in den Kämpfen Umgekommenen gewahrt werden sollte. Am 5. Mai 1813 erging die königliche »Verordnung über die Stiftung eines bleibenden Denkmals für die, so im Kampfe für Unabhängigkeit und Vaterland blieben.« In ihr wurde bestimmt (§ 1): »Jeder Krieger, der den Tod für das Vaterland in Ausübung einer Heldenthat findet, die ihm nach dem einstimmigen Zeugnis seiner Vorgesetzten und Kameraden den Orden des eisernen Kreuzes erworben haben würde, soll durch ein auf Kosten des Staats in der Regimentskirche zu errichtendes Denkmal auch nach seinem Tode geehrt werden.« Weiter hieß es (§ 3): »Außerdem soll für alle, die auf dem Bette der Ehre starben, in jeder Kirche eine Tafel auf Kosten der Gemeinden errichtet werden, mit der Aufschrift: Aus diesem Kirchspiele starben für König und Vaterland: Unter dieser Aufschrift werden die Namen aller zu dem Kirchspiel gehörig gewesenen Gefallenen eingeschrieben. Obenan die, welche das eiserne Kreuz erhalten, oder desselben würdig gewesen wären.« Diese königliche Order betraf nur die Toten des Befreiungskrieges, nicht jedoch jene Soldaten, die in den Schlachten der Jahre 1806/07 und 1812 als Angehörige des preußischen Kontingents in Napoleons Grande armée zugrunde gegangen waren. Von ihrer Befolgung zeugen bis heute in den Innenräumen von Kirchen meist einfache hölzerne Tafeln.

3. Das Volk steht auf

Diese vier Worte bilden die Überschrift eines Gedichtes von Theodor Körner, das mit dem Vers anhebt »Das Volk steht auf, der Sturm bricht los«. Was folgt, ist ein abgrundtief verächtlicher vernichtender Bannstrahl gegen jeden »ehrlos erbärmlichen Wicht«, der nicht mit den todbereiten Kriegern zieht, sondern sich »hinter dem Ofen« versteckt, sich mit Schranzen und Zofen erfreut, auf üppigen Pfühlen wollüstig träumt, sich im Theater ergötzt, an brechenden Tafeln bei Champagner prasst, an Spieltischen sich bereichert, kurzum: ein Lotterleben genießt. Den jedoch, so heißt es im wiederkehrenden Reim, »kein deutsches Mädchen« mehr küsst und der zu seinen Mätressen laufen mag, und sich nur noch »mit Gold die Lust erkaufen« kann. Womöglich bei Welschen, doch ist darüber nichts gesagt.

Diese angedrohte Bestrafung ist den folgenden Generationen im Gedächtnis nicht geblieben, konnte sich da auch wohl nicht festsetzen, denn Gedichte vom Gang zu Huren sind in deutschen Schulen nicht gelernt worden. Doch das aufstehende Volk und der losbrechende Sturm gehörten fest zum Bestandteil deutscher Geschichtsbilder, zumal die daraus hervorgehenden Szenen von Malern vielfach illustriert wurden, deren Bilder, reproduziert, in Schulgeschichtsbücher gelangten. Dazu gehörte das 1895 entstandene Ölgemälde von August Kampf, der den Breslauer Universitätsprofessor Henrik Steffens (1773-1845), einen Dänen, während einer Ansprache zeigt, die er im Februar 1813 vor einer begeisterten Zuhörerschaft, vor allem bestehend aus Studenten hielt, die er zum Kampf aufruft, an dem er dann auch selbst als Freiwilliger bis zur Einnahme von Paris 1814 teilnahm. Ohne in jenen blinden Patriotismus zu verfallen oder ihn schweigend hinzunehmen. So wandte er sich während der so genannten »Turnfehde« gegen gegen Friedrich Ludwig Jahn, wegen dessen Überbetonung des Deutschnationalen. Von gleicher Hand stammt das Bild Einsegnung de Freiwilligen, gemalt 1891, das an die erwähnte der Lützower Jäger im schlesischen Rogau erinnert. Früher schon war das Gemälde Volksopfer entstanden, das im Gegensatz zu den anderen die Zeiten überdauerte und im Leipziger Museum der Bildenden Künste betrachtet werden kann. Es zeigt Bürger, vorwiegend alte und Frauen, die dem Rufe gefolgt waren, da sie selbst am Kampf nicht teilnehmen konnten, ihn zu finanzieren und verschiedenste Wertgegenstände an einem Sammelort bringen, um sie für eben diesen Zweck zu spenden. Alle diese Kunstwerke sind mannigfach in Büchern, Zeitungen und Zeitschriften und auf Postkarten wiedergegeben worden, keines aber wohl öfter als das Gemälde »Mit Mann und Ross und Wagen«, geschaffen von Hans W. Schmidt (1859-1950), das frierende und vollends von Kräften gekommene Soldaten der napoleonischen Armee auf dem Rückzug von Moskau abbildet. Es blieb erhalten und befindet sich im Generallandesarchiv zu Karlsruhe.

Dieser Aufbruch in Massen war weder Legende noch Produkt der Propaganda, die ohnehin am Beginn des 19. Jahrhunderts nicht jenen Machtfaktor darstellte, zu dem sie sich später entwickelte. Von diesem »Fortschritt« zeugte übrigens der Versuch der Reanimation des populären Bildes vom aufstehenden Volk exakt 130 Jahre später. Da verband er sich mit der Figur des Reichspropagandaministers Joseph Goebbels und seiner Rede im Berliner Sportpalast, gehalten nach der Niederlage von Stalingrad. War das doch eine Stunde der Hysterie mit dem Ja- und Heilgebrüll brauner Volksgenossen zum totalen Krieg.

1813 hingegen gab es mit und neben allen Appellen einen vielfach bezeugten spontanen Aufbruch von Massen mit dem Ziel, gemeinsam handelnd die Fremdherrschaft abzuschütteln. Der zeitgenössische Historiker Friedrich Christoph Schlosser (1776-1861), der an dem politischen Geschehen selbst keinen tätigen oder auch nur Partei nehmenden Anteil besaß, seit 1814 Professor für Geschichte an der großherzoglichen Universität in Heidelberg war, schildert ihn in seiner achtzehn Bände umfassenden »Weltgeschichte für das deutsche Volk« so: »Alle Parteien waren auf kurze Zeit einig, alle Kräfte wurden aufs Höchste angespannt und auf einen Punkt gerichtet, alle Stände griffen zu den Waffen. Sogar Schriftsteller, Professoren, Beamte, Geistliche, Studenten und Gymnasiasten ließen sich in die Freikorps oder das ständige Heer einreihen, um am Nationalkampfe theilzunehmen. Wer die Waffen nicht tragen konnte, der steuerte Geld zur Ausrüstung der anderen bei; und auch das weibliche Geschlecht war bemüht, den Enthusiasmus, den es theilte, zu wecken und zu beleben.« Demnach haben Frauen, wie auch das Volkssopfer-Bild von Kampf darstellt, nicht nur winselnden Buben Küsse verwehrt.

So plötzlich die Entschlüsse der am Befreiungskriege Teilnehmenden getroffen sein mochten, sie besaßen ihre Vorgeschichte im katastrophal gescheiterten Feldzug Napoleons im Kriege gegen Russland, seiner ersten großen und letztlich irreparablen Niederlage auf seinen Eroberungszügen durch Europa. Die Bilder, die sich Deutsche machen konnten und die in Erzählungen der Minderheit von Überlebenden in den deutschen Staaten die Runde machten, besagten, dass der Franzosenkaiser mehr als nur eine Schlacht verloren hatte, ihm mehr als nur ein Feldzug fehlgeschlagen war. Was von der einst Großen Armee sich durch Preußen westwärts zurückzog, unfähig, sich nachdrängenden russischen Truppen ostwärts der Oder noch zu einer Schlacht zu stellen, befand sich in einem geschwächten und demoralisierten Zustand, der die Chance erkennen ließ, den seit dem Tilsiter Frieden existierenden Zustand der Unterwerfung zu beenden und

Herr im eigenen Hause zu werden. Die hätte, so kräftig wie es im Februar und März 1813 geschah, nicht genutzt werden können, wäre nicht bald nach der Katastrophe von Jena und Auerstedt und deren Folgen in Kleingruppen insgeheim begonnen worden, sich auf die Abschüttelung des fremden Jochs vorzubereiten. Die darauf gerichteten Pläne waren und blieben zunächst das Werk einer zahlenschwachen Minderheit von Zivil- und Militärpersonen, während die Haltung der Volksmassen in den veränderten Zuständen nicht von vornherein durch von Hass und Rachegelüst geprägter Franzosenfeindschaft gekennzeichnet war. Erst als die materiellen Lasten der Besatzung immer drückender geworden waren, die eigenen Söhne mit Hunderttausenden nach Russland ziehen mussten, des Franzosenkaisers Herrschaft über den Kontinent zu vervollständigen, war die Stimmung umgeschlagen.

Jedoch die heroisierenden Bilder, wonach die Deutschen »wie ein Mann« sich gleichzeitig erhoben hätten. gehören zu den nationalen Legenden. Das Volk stand zwischen Oder und Rhein nicht zur gleichen Zeit auf, sondern in den einzelnen Staaten und Teilen Deutschlands mit einem erheblichen und folgenreichen zeitlichen Abstand. Vor allem in Norddeutschland erhoben sich, wie schon an der Jahreswende 1812/13 in Ostpreußen in mehren Städten und auf dem Lande bewaffnete Kräfte, die französische Soldaten vertrieben, entwaffneten oder ihnen bis dahin zwangsweise geleistete Dienste verweigerten. Anders in den deutschen Staaten des Rheinbundes. Dort gerieten die Herrschenden nicht gleichermaßen unter Druck ihrer unmittelbaren Umgebung und des Volkes wie im Preußen Friedrich Wilhelm III., den Friedrich Engels in einer 1845 für den britischen *Northern Star* geschriebenen Korrespondenz als den »größten Dummkopf« bezeichnete, »die je einen Thron geziert« habe. Während Russen und Preußen sich in Sachsen, Schlesien, Böhmen und an den Grenzen Brandenburgs vor Berlin mit Napoleons Armeen im

Frühjahr 1813 bekriegten, hielten deutsche Könige und Großherzöge, die ihre Titel dem Franzosenkaiser verdankten, an dessen Seite noch immer aus und deren Haltung blieb auch für ihre Untertanen noch bestimmend. Erst während der Schlacht bei Leipzig, also Mitte Oktober, liefen Kontingente sächsischer Truppen von Napoleons Seite auf die der Verbündeten über. Im Frühjahr aber hatten sich einzig die Herzöge der beiden mecklenburgischen Staaten, in die russische Truppen vorgedrungen waren, auf die russisch-preußische Seite geschlagen.

So waren an den Gefechten und Schlachten, welche in die Geschichte des Befreiungskrieges als der Frühjahrsfeldzug 1813 eingingen, im Wesentlichen Truppen des Zaren und des Königs von Preußen beteiligt. Dazu ein schwedisches Korps unter dem Kronprinzen, das mit seiner Teilnahme am Kampf gegen Napoleon gesonderte Kriegsziele im Hinblick auf Schwedisch-Pommern und vor allem gegenüber Dänemark verfolgte. Dieser Feldzug brachte jedoch noch keinen eindeutigen Sieger hervor.

4. Großbeeren und Dennewitz

Kaum bei seinen Armeen in der Mitte Deutschlands eingetroffen, ließ Napoleon sie gegen die westwärts vorrückenden der Alliierten aufmarschieren. Es begann Anfang Mai 1813 eine Serie von erbitterten und für beide Seiten mit hohen Verlusten an Soldaten einhergehenden Schlachten. Am 1. und 2. Mai bei Weißenfels und bei Lützen (nach anderer Bezeichnung: bei Großgörschen), am 8. Mai bei Dresden, am 20. und 21. bei Bautzen. Tags darauf endeten die militärische Aufeinandertreffen mit einem Gefecht gegen die Nachhut der Alliierten bei Görlitz. Deren Truppen zogen sich weiter nach Schlesien zurück. Napoleon hatte bei all diesen Schlachten den Sieg davon getragen und Sachsen zurück gewonnen, was gemessen an seinen Zielen freilich nicht viel bedeutete. Zu einem vernichtenden Schlag ähnlich jenem von Austerlitz oder von Jena/Auerstedt war es nicht gekommen. Und er hatte für seine Erfolge, gemessen an seinen Kräften und seinen allenfalls heranzuführenden Reserven, einen hohen Preis gezahlt. Zum anderen aber waren auch die Hoffnungen der Alliierten nach ihrem frühen Erfolg ostwärts von Magdeburg nicht in Erfüllung gegangen.

Napoleon zog wieder in Dresden ein, das seine Truppen, die Elbebrücke sprengend, Monate zuvor verlassen hatten. Nun war es von den Alliierten geräumt worden. Der Kaiser bezog das Palais Brühl-Marcolini. Hier in der Stadt an der Elbe hatte er sich im Jahr zuvor einige Tage auf seinem Weg zur Großen Armee befunden und gleichsam Hof gehalten. Seine damaligen »Verbündeten«, der österreichische Kaiser Franz und der preußische König Friedrich Wilhelm stellten sich dort gehorsam ein und die Tage vergingen mit Festen. Napoleon zweifelte nicht, dass er den letzten kampffähigen Gegner auf dem Kontinent, Russland, seiner Macht und Politik bald unterworfen haben werde, so wie er das mit diesen beiden Monarchen 1807 und 1809 getan hatte. Indessen: Wie hatte sich die Situation in den dazwischen liegenden zwölf Monaten verändert! Preußens König stand auf Seiten seines Hauptgegners, des Zaren. Und daran, dass dem, wendete sich das Kriegsgeschehen nicht grundlegend, auch Österreichs Kaiser folgen werde, ließ sich wenig zweifeln.

Das gewandelte Kräfteverhältnis drückte sich deutlich darin aus, dass Napoleon einen von Österreich angebahnten Vorschlag annahm, einen Waffenstillstand zu schließen. Der kam in einem Dorf zwischen den niederschlesischen Kleinstädten Striegau und Jauer am 4. Juni zustande, ist als Waffenstillstand von Poitschwitz in die Geschichtsbücher gelangt, was möglicherweise aber auf ein sprachliches Missverständnis zurückgeht und Pläswitz (poln. *Paszowice*) meint. Festgelegt wurden die Linien bis zu denen die Truppen der jeweiligen Seite sich bewegen durften oder zurückzuziehen hatten. Ein dazwischen liegender unbesetzter Streifen trennte sie voneinander. Zunächst sollten die Waffen bis zum 20. Juli, also anderthalb Monate, ruhen.

Für Napoleon war das ein Schritt, den er auf keinem seiner vorauf gegangenen Feldzüge unternommen oder auch nur erwogen hatte. Stets hatte er bis zum »Endsieg« gekämpft und seine militärische Überlegenheit derart erwiesen, dass den Gegnern nur Kapitulation und Unterwerfung blieb. Sein Gedanke an diesen Ausgang war mit dem außergewöhnlichen Schritt jedoch nicht aufgegeben. Denn dass er sich in dieser Atempause für seine Truppen auf wiederum von Österreich angebahnte Friedensverhandlungen einließ, diente der Tarnung, war von hinhaltender Wirkung und führte dazu, dass der Waffenstillstand bis zum 10. August verlängert wurde. Napoleon nutzte die Zeit, um seine Kräfte für die Fortführung des Krieges zu ordnen und zu verstärken und das tat er in einer Verfassung, die für seine Umgebung und die Gäste erkennen ließ, dass er die Fähigkeit verlor, das entstandene Kräfteverhältnis richtig zu beurteilen.

Das erfuhr auch der Mann, der am Wiener Hof, die Geschicke des Kaiserreichs lenkte, das zwar formal noch als Verbündeter Napoleons zählte, jedoch am 30. Januar 1813 einen Waffenstillstand mit Russland geschlossen hatte, zunähst eine neutrale Position bezog und in den Auseinandersetzungen um Europas Zukunft, denn darum ging es jetzt wie zuvor schon, eigene Interessen verfolgte. Deren oberstes bestand in dem Ziel, dass keine andere Macht, weder Frankreich wie bisher, noch Russland, künftig eine beherrschende Stellung gewinnen sollte. Das machte Österreich und dessen Außenminister, den Grafen und späteren Fürsten Clemens Wenzeslaus von Metternich, zum Fürsprecher eines Friedens, der weder den einen noch den anderen übermäßig stärkte oder schwächte. Metternich besuchte Napoleon in Dresden und erhielt mit seinen Vorschlägen, die im Falle einer Annahme Frankreich als eine Großmacht bestehen ließen, eine Abfuhr. Und auch die Friedensverhandlungen, zu denen sich Abgesandte der Alliierten in Prag versammelten, wo sie auf den von dem Franzosenkaiser für sein taktisches Verhalten orientierten Unterhändler trafen, scheiterten.

Das war jedoch nicht nur ein Ergebnis der starren Haltung Napoleons, der sich die Unerreichbarkeit seines Zieles nicht eingestehen mochte, den Kontinent unter sein Reglement zustellen und gegen England in Front zu bringen. Im Grunde konnten sich beide Seiten ausrechnen, dass auch ein Friedensschluss mit einem Kompromiss nur eine mehr oder weniger lang dauernde Zwischenlösung darstellte, auf die ein weiterer Krieg folgen werde. Jede wollte die Vorherrschaft und jede hielt den Moment für gekommen, da der Kampf um sie ausgetragen werden musste. Dabei war die Rechnung der Alliierten die solidere.

Entbrannten die Kämpfe wieder, würden sie diese mit einer zahlenmäßigen Übermacht antreten und, dessen waren sie sicher, die auch Österreichs Beitritt zur Koalition vermehrt würde. Das war in einem Geheimabkommen am 27. Juni 1813 im schlesischen Reichenbach bereits fest vereinbart, bis hin zur Stärke des österreichischen Kontingents, die mit 150.000 Soldaten bestimmt worden war, während das preußische auf 80.000 erhöht werden sollte. So waren die Wochen des Waffenstillstands von den Alliierten nicht nur zur militärischen Vorbereitung der Fortsetzung des Krieges genutzt worden, sondern ebenso zu diplomatischen Kontakten. Zu deren Ergebnissen gehörten Beistands- und Subsidienverträge Englands mit Russland und Preußen

Am Tage nachdem der verlängerte Waffenstillstand abgelaufen war und Napoleons Weigerung unmissverständlich zutage lag, erklärte Wien dem Franzosenkaiser am 11. August den Kriegszustand. Das war keine Geste. Das Oberkommando über die alliierten Truppen übernahm der Feldmarschall, der vordem das österreichische Hilfskorps auf Napoleons Zug nach Moskau befehligt hatte, der aus einem böhmischen Adelsgeschlecht stammende Karl Philipp zu Schwarzenberg. Napoleon sah sich drei mächtigen Zusammenballungen der alliierten Truppen gegenüber. Im Osten der Schlesischen Armee unter Blücher. Im Süden den vereinigten österreichischen russischen und preußischen Truppen jenseits des Erzgebirges in Nordböhmen, die Schwarzenberg direkt befehligte. Und im Norden den vom schwedischen Kronprinzen geführten russischen, preußischen und schwedischen Kräften.

Die erste Schlacht fand zwei Wochen nach dem Ende des Waffenstillstands am 23. August 1813 unweit der Tore Berlins bei Großbeeren statt und Napoleons Truppen verloren sie. Dabei waren die Sachsen auf Napoleons Seite und Husaren, Ulanen und Landwehr-Formationen aus Pommern und Neumärkern in teils blutigen Nahkämpfen aufeinander getroffen. Damit war der Plan in Preußens Hauptstadt vorzudringen, gescheitert und der erste Sieg preußischer Truppen errungen. Der König bewilligte die Verteilung von 100 Eisernen Kreuzen und dekorierte den schwedischen Befehlshaber der Nordarmee mit dem Großkreuz. Die Hoffnungen, die sich mit diesem Ausgang verbanden, zerschlugen sich schon drei Tage darauf.

Am 26. und 27. August wurde die Schlacht an den Stadträndern und im Vorfeld von Dresden, bis dahin war die in Böhmen aufgebrochene Hauptarmee der Alliierten vorangekommen, ausgetragen. Die französische Armee. unter denen sich nach wie vor Kontingente der Rheinbundstaaten befanden, kommandierte Napoleon. Sie errangen einen Sieg und zwangen die Gegner zum Rückzug nach Böhmen. Es wurde der letzte Triumph des Kaisers der Franzosen. Und es war kein vollständiger. Der Versuch, die Geschlagenen einzuschließen und zu vernichten, misslang gründlich. Er endete mit der Niederlage der französischen Verfolger jenseits des Erzgebirges in der Schlacht bei Kulm (tschech. *Chlumec*) in der Nähe von Teplitz (tschech. *Teplice*) am 29. und 30. August. Und der Erfolg von Dresden war nur erreicht worden, weil Napoleon, der die Kräfte gegen Schlesien verstärken wollte und sich aufgemacht hatte, Blüchers Armee zu schlagen, ja, ohne Schlacht bis Jauer, Goldberg und Liegnitz vorgedrungen war, auf die Nachricht von der Bedrohung der Stadt umgekehrt war, weil er nicht zulassen konnte, dass er von seinem Hinterland abgeschnitten und gleichsam im Rücken angegriffen wurde.

Dieses Manöver wiederum machte mit seinen Folgen klar, welche Seite aufs Ganze gesehen über die stärkeren Armeen gebot. Das neue Kräfteverhältnis in Schlesien führte am gleichen Tag, da Dresden am 26. August behauptet und Schwarzenbergs Armee geschlagen wurde, zum Sieg der Verbündeten in der Schlacht an der Katzbach. Die Franzosen mussten sich bis hinter die Görlitzer

Neiße zurückziehen. Ihre Vertreibung aus der von Friedrich II. eroberten preußischen Provinz in den letzten Augusttagen war definitiv. Napoleon konnte die Vorstellung, die Russen an der Oder oder Weichsel zu schlagen aufgeben. Die Pläne, die drei Hauptkräfte der Alliierten an ihrer Vereinigung zu hindern und sie getrennt zu besiegen, waren schon zweifach gescheitert, als bei Dennewitz, einem Dorf im Norden des Königreiches Sachsen nahe der Grenze zu Preußen, die Armee von Franzosen und Sachsen bei dem erneuten Versuch eine Niederlage erlitt, die Nordarmee zu schlagen und nach Berlin vorzudringen. Napoleon sah sich der Gefahr gegenüber, dass seine in Sachsen, Teilen Sachsen-Anhalts und im Süden der Provinz Brandenburg befindlichen Kräfte eingeschlossen würden. Er konnte mit ihnen einen Rückzugsweg westwärts suchen oder sich zu einer Schlacht stellen, die, wenn er sie verlor, das Ende seiner Herrschaft über die deutschen Staaten war. Und nach Katzbach, Kulm und Dennewitz mit den Verlusten Zehntausender seiner Soldaten durch Tod, Verwundung oder Gefangennahme standen seine Aussichten schlecht, zumal er die Verlorenen – anders als seine Gegner – bei weitem nicht mehr ersetzen konnte.

5. Die Völkerschlacht

Nicht nach Osten führte Napoleon seine Streitmacht, sondern Richtung Nordwesten in die Ebene von Leipzig, wo er die Armeen versammelte, über die er, abgesehen von den Besatzungen der noch behaupteten Festungen, in Deutschland verfügte. Dort gedachte er die entscheidende Schlacht zu schlagen und zu gewinnen. Die heranrückenden Armeen der Alliierten nahmen sie an und sie waren es, die nach einem Vorgefecht der Kavallerie am 15. Oktober am folgenden Tage im Süden und Norden der Stadt den Angriff eröffneten, bevor sich auf dem Kampffeld noch alle Armeen eingefunden hatten, über die sie geboten. Am Abend des Tages hatte niemand die Oberhand gewonnen und am folgenden, dem 17. Oktober brauchten und erhielten die Soldaten beider Seiten eine Ruhepause. Da schon mussten Napoleon über den Fortgang der Schlacht Bedenken gekommen sein. Jedenfalls schickte er den in seine Gefangenschaft geratenen Kavalleriegeneral Maximilian Graf von Merveldt, einen in österreichischen Diensten stehenden Westfalen, zu seinem österreichischen Schwiegervater Kaiser Franz mit dem Signal seiner Bereitschaft zu Waffenstillstand und Friedensschluss. Doch wurde er mit keiner Antwort mehr bedacht.

Der Verlauf der mörderischen Kämpfe des folgenden Tages warf die Franzosen an alten Fronten zurück und die unter Blüchers Kommando stehenden preußischen und russischen Truppen drangen im Norden bis an den Rand der Stadt vor. Wie die Dinge lagen, konnte es keinen Zweifel geben, dass der Franzosenkaiser einer totalen Niederlage entgegenging. Er befahl, mit dem Rückzug der Truppen auf der Straße nach Weißenfels an der Saale zu beginnen. Deren Verfolger sollten noch in der Stadt von der Nachhut aufgehalten worden. Die geriet in Gefechte mit den am 19. Oktober unaufhaltsam vordringenden Alliierten und verloren weitere tausende Soldaten durch Tod, Verwundung oder Gefangenschaft. Der Zar und der Preußenkönig zogen als Sieger in Leipzig ein. Die den Franzosen verbliebenen Kräfte, wie beim Rückzug aus Russland im Jahre zuvor, waren außerstande, sich noch einmal einer Schlacht zu stellen. Ihr Ziel war der Rhein und die Flucht auf dessen westliche Seite. Hinter ihnen lag eine beispiellose Schlacht, die im 19. Jahrhundert in Europa und weltweit durch keine auch nur ähnliche übertroffen wurde. Die Zahlen der an ihr Teilnehmenden, 600.000 auf beiden Seiten, und die in ihrem Verlauf Getöteten und an den Folgen von Verwundungen massenhaft Verstorbenen, da schwanken die Angaben zwischen 90.000 und 120.000, beruhen auf Schätzungen. Würden ihre Leichen an den Rändern der Stadt in Einzelgräbern beigesetzt worden sein, wären dort unübersehbare Friedhöfe entstanden.

Zum Triumph der Sieger steuerte Ernst Moritz Arndt ein Gedicht bei, in dem es hieß: »Die Welschen hat Gott wie die Spreu zerstreut. Die Welschen hat Gott verweht wie den Sand; Viele Tausende decken den grünen Rasen, Die Übriggebliebnen entflohen wie Hasen, Napoleon mit.« Und der gleiche Autor warf schon 1814 in einer Druckschrift die Frage auf, wie am Orte weithin sichtbar an das Geschehen erinnert werden könne. Das Geld für ein angemessenes Monument, ein Koloss, eine Pyramide oder einen Dom von den Ausmaßen des Kölners schien ihm nicht beschaffbar. Hingegen, meinte er, könne stattdessen in gewaltigen Erdarbeiten ein Hügel geschaffen werden, an dessen Spitze aus einer Anhäufung von Feldsteinen ein Kreuz mit einer goldenen Kugel ragen sollte. Um dieses Denkmal müsse ein Terrain zum heiligen Land erklärt und – natürlich mit Eichen – bepflanzt werden.

Zunächst aber entstanden an mehreren Stellen der Schlacht ungleich bescheidenere Zeichen der Erinnerung und des Gedenkens. Dazu gehörte auf einer Erhebung im Stadtgebiet, die den Namen Monarchenhügel erhielt, im Jahre 1847 die Errichtung eines Sandsteinobelisken, der später gegen eine solchen aus Gusseisen ausgewechselt wurde. Die dort zu lesende Inschrift lautet: »Hier verweilten in der Schlacht bei Leipzig am 18. Oktober 1813 die verbündeten Monarchen Kaiser Franz I. von Oesterreich Kaiser Alexander von Russland König Friedrich Wilhelm III. von Preußen und waren Zeugen der außerordentlichen Tapferkeit ihrer Truppen«. Die Einweihungsrede hielt ein Superintendent und Träger des roten Adlerordens. Er nannte die Monarchen »glorreiche Siegesfürsten«, die durch »Gottes Rat«, der auf Seiten der Alliierten stand, »auserwählt waren ... dem kühnen Eroberer« ein Halt zu gebieten. Dann mahnte er die Versammelten, fest und in deutscher Treue zu ihren Fürsten zu stehen. Von Sachsen, seines Königs und seiner Bewohner Rolle wurde nicht mehr gesagt, als dass es »der unerforschliche Gang der Geschichte geschlagen habe«. Der Obelisk war nur eine der untertänigen Huldigungen, die den Majestäten dargebracht wurden. Eine andere gab ein Gemälde, das Schwarzenberg, den Oberkommandierenden der Truppen, als Überbringer der Nachricht vom Schlachtensieg an die Monarchen zeigt. Es war ein schon 1817 geschaffenes Werk des Wiener Historienmalers Johann Peter Krafft und hängt im Heeresgeschichtlichen Museum der österreichischen Metropole.

Leipzig – das wurde das Ende der napoleonischen Herrschaft in Deutschland. Den Truppen des Kaisers blieb nur der Rückzug. Von den Alliierten verfolgt und bedrängt, bewegte sich, was ihm von seinen Armeen noch geblieben war, westwärts mit dem Ziel, nach Frankreich zu gelangen. In Hanau, das damals zum Großherzogtum Frankfurt gehörte und von bayerischen Truppen, ihr Landesherr hatte am 8. Oktober 1813 die Seiten gewechselt, besetzt war, hatten sie sich durch bayerische, österreichische und russische Truppen zu kämpfen, die ihnen den Weg verlegten. Von Napoleon befehligt, gewannen sie die Schlacht und machten sich den Weg nach Frankfurt a. M. frei, ohne da Halt zu machen. Dieses Ende des Feldzuges von 1813 war – anders als das ein Jahr zuvor – nicht als eine durch Strapazen, Eis und Kälte verursachte Katastrophe zu beschönigen. Es war auf Schlachtfeldern erlitten und diesem Ausgang haftete ein Menetekel an.

Der Rheinbund war zerfallen und die Fürsten der Staaten, die seine Mitglieder gewesen waren, suchten die Rollen vergessen zu machen, die sie an der Seite des Franzosenkaisers gespielt hatten. Am wenigsten gelang das dem König von Sachsen, der beim Nahen der Alliierten sich aus seinem Lande zuerst in das Territorium der Habsburger Monarchie nach Prag begab, von dort aber nach Dresden zurückgekehrt war, als es Napoleon wieder besetzt hatte. Friedrich August I. wurde von Leipzig, als er sich schließlich doch von Napoleons Gefolge getrennt hatte, per Kutsche und von einer Wache eskortiert nach Berlin gebracht. Er kam dennoch glimpflich davon. Zwar verbrachte er, während viele seiner Landeskinder schon unter Blüchers Oberbefehl am Krieg gegen Frankreich teilnahmen, eine Zeit als Gefangener im Schloss Friedrichsfelde bei Berlin, das heute ein Kleinod im Tierpark im Stadtbezirk Karlshorst ist, konnte aber im Februar 1815 in seine Residenzstadt an der Elbe zurückkehren. Dort wurde er übrigens begeistert empfangen. Seine Regentschaft in dem allerdings erheblich verkleinerten, mehr als halbierten Staatsgebiet blieb bis zu seinem Tode 1827 ungefährdet. Im 30. Jahr nach dem Befreiungskrieg wurde ihm zudem in Dresden ein Denkmal gesetzt, gewidmet vom »dankbaren Vaterland«. An dessen Gestaltung waren Ernst Rietschel und Gottfried Semper sowie Christian Daniel Rauch und Karl Friedrich Schinkel beteiligt. Am Sockel symbolisieren vier Damen die Tugenden Gerechtigkeit, Frömmigkeit, Milde und Weisheit. Nach mehreren Veränderungen seines

Standorts wurde es, den aktuellen Wandel zu neuen Geschichtsbildern in Sachsen bezeugend, 2008 feierlich auf dem Schlossplatz eingeweiht, wobei die Weihehymne erklang, die Richard Wagner 1843 komponiert hatte.

Noch glimpflicher kam Württembergs König Friedrich I. davon, der 1812, während die Landeskinder mit Napoleons Armee nach Moskau zogen, in seinem Jagdschloss Bebenhausen exklusive Feste feierte. Er hielt gemeinsam mit seinem Nachbarn, dem Großherzog Karl von Baden, der sich erst im November von Napoleon lossagte, an der Seite des Kaisers der Franzosen aus und dies selbst noch, nachdem ganze württembergische Regimenter die Fronten gewechselt und in die der Alliierten übergegangen waren. Die hatte er auflösen lassen und den Offizieren die Orden abgefordert. Das schmälerte dem 1816 Verstorbenen den Nachruhm nicht, wovon auch die Städtenamen Friedrichshafen und Bad Friedrichshall zeugen.

Im Umgang mit den ausdauernden Parteigängern Napoleons im Rheinbund kündete sich an, was all die Versprechen wogen, die im Frühjahr in der Phase der Massenmobilisierung in Preußen gegeben worden waren. Friedrich Schlosser hat die Perspektive, die sich im November 1813 bot, als der Zar Russlands, der Kaiser Österreichs und der König Preußens in Frankfurt am Main eingetroffen waren, so beschrieben: »Es war daher einem jeden, der sich auf historische Vorzeichen verstand, schon im November einleuchtend, dass der ganze Vortheil des heiligen Befreiungskrieges in Deutschland den Höfen und dem Adel zufallen werde, das Volk aber auch fernerhin das alte Joch und die alten Lasten werde tragen müssen.«

Und diese Zukunft war, entgegen allen nun an sie gerichteten Erklärungen, auch den Franzosen zugedacht. Das Manifest der Alliierten, Ende November 1813 verkündet, bezeichnete als Kriegsziel den Sturz Napoleons. Gegen andere Vorschläge hatten sich jene Kräfte durchgesetzt, die sich zugunsten ihrer eigenen Interessen ein Frankreich vorstellten, an dessen Spitze die Bourbonen zurückkehrten. Die preußischen Soldaten, die unter Blüchers Oberkommando in der Neujahrsnacht 1814 als Vorhut bei Kaub über den Rhein setzten, mochten noch glauben, dass sie den Befreiungskrieg bis zum Endsieg weiterführten. In Wahrheit hatte sich der Charakter des Krieges nun zu ändern begonnen. Er wurde, was die Koalitionskriege gegen Frankreich seit dem ersten, der 1792 begann, gewesen waren: Kriege gegen die französische Revolution, die dennoch mit ihren Folgen und Wirkungen diesseits wie jenseits des Rheines nicht ungeschehen gemacht werden konnte.

Exkurs: Vom Nachleben

Von den Verstorbenen wird immer wieder gesagt, sie seien nicht tot, solange jemand sich ihrer erinnert und an sie denkt. Aus dem 13. Jahrhundert ist der Gedanke, gemünzt auf Helden, mit den Worten überliefert: »Eines nur weiß ich, das ewig lebt. Der Toten Tatenruhm!« Mit dem Begriff ewig gehen die Menschen des 21. Jahrhunderts nach vielerlei Erfahrungen bedächtig und abwägend um, und es muss sich beim Gedenken ja nicht nur um ruhmträchtige Taten handeln.

Was für einzelne Menschen gilt, trifft indessen auch auf geschichtliche Ereignisse und da wieder auf Personen zu, die in ihnen eine herausragende Rolle spielten. Und: Wie ihrer gedacht wird, daran sind die Betroffenen ganz unbeteiligt. Zu Lebzeiten können sie noch bestimmen, was geschehen, was unterbleiben soll, doch dass ihre Wünsche oder Weisungen auch befolgt werden, dessen können sie sicher nicht sein. Denn es sind an der Art des Erinnerns, geht es um geschichtliches Geschehen und dessen Personal, immer auch aktuelle und künftige Interessen derer beteiligt, die sich erinnern. Und so gehören zu diesem Kapitel menschlichen Verhaltens Gebrauch und Missbrauch, Verwertung und Ausbeutung, Verklärung. Idealisierung und Ignoranz. Die Geschichte des Nachlebens von Ereignissen ist häufig nicht weniger bewegt als es diese selbst war.

Bunt und wechselnd von Generation zu Generation ist auch die Schar derer, die sich erinnert. Zunächst sind das noch Zeitgenossen und, geht es um Personen, die eine geschichtlichen Rang besetzten, deren Weggenossen, Mitstreiter, Kontrahenten, Gegner und Feinde. Zwischen ihnen wird nicht nur um und über Vergangenes gestritten, zwischen ihnen setzen sich in gewandelter Form häufig die

Kämpfe fort, die einst ausgetragen wurden und an die und deren Teilnehmer nun erinnert wird. Solange diese Kämpfe nicht vollends ausgetragen sind, die einander Befehdenden noch nicht in dem Sinne der Geschichte angehören, dass die Klassen, Schichten, Gruppen für die sie agierten, nicht mehr existieren, erhalten sich vom Geschehenen miteinander konkurrierende Geschichtsbilder und finden sich Verteidiger des einen oder des anderen. Erst in dem Maße, wie das einst Umstrittene an Bedeutung für Gegenwart und Zukunft verliert, nimmt die Schärfe der Auseinandersetzungen ab. Doch bleibt dann immer noch der Ehrgeiz und die Neugierde Forschender, dem Vergangenen das letzte Geheimnis zu entreißen.

Bunt ist auch die Schar der Zeitgenossen und Nachkommenden, die Geschichtsbilder produzieren, sei es in Wort und Schrift oder – und im direkten Wortsinn – zeichnend, malend, fotografierend oder filmend und als Schöpfer von Denkmälern und Gedenksteinen. Häufig sorgten schon die Akteure selbst, Feldherren, die auf Eroberungszüge gingen, Herrscher, die überzeugt waren, große Taten zu vollbringen oder das vorhatten, für die Anfertigung solcher Produktionen, womit sie auch sicher gingen, dass diese nach ihrem Geschmack und Anspruch ausfielen. In Napoleons Grande Armée zogen auch Maler mit in Richtung Moskau und später begleiteten die Heeresgruppen des deutschen Faschismus Filmtrupps in die gleiche Richtung. Erheblich verkürzt hatte sich in diesen nahezu 130 Jahren die Zeit zwischen der Herstellung von Bildern, die einen auf Leinwand, die anderen auf Zelluloid, und ihrer Verbreitung, Verändert hatte sich mithin auch ihre Funktion. Waren die älteren für den Nachruhm der Sieger bestimmt, sollten die anderen inmitten der Ereignisse Kriegsbegeisterung und Siegesgewissheit erzeugen oder wach halten.

Zum Nachleben von Ereignissen und Personen der Geschichte haben seit alten Zeiten Dichter und Schriftsteller einen herausragenden Beitrag geliefert, dessen Bedeutung in dem Maße wuchs, wie sich in der Bevölkerung die Fähigkeit des Lesens und Schreibens verbreitete. Ungezählt die Situationen, in denen Martin Luthers »Ein feste Burg ist unser Gott« oder das Altniederländische Dankgebet »Wir treten zum Beten« in Notlagen und nach Siegen erklungen sind. Gleiches gilt für Ludwig Uhlands »Lied vom guten Kameraden«, das vom Sterben und dem Tod in Kriegen ein verklärtes Bild gibt. Nicht in jeder geschichtlichen Lage hat sich wie 1813 ein Sänger von der Produktivität und jener mordspatriotischen Gesinnung Theodor Körners gefunden, doch hat das Bild, das er mit seinem Lied über die Lützower Jäger zeichnete, die Vorstellung von deren Anteil am Sieg über Frankreichs Truppen lange stärker geprägt als alle geschichtlichen Untersuchungen. Indessen bestätigte sich der in seinen Versen ausgedrückte Optimismus über den Kriegsausgang als berechtigt. Das lässt sich von den Liedern der faschistischen Wehrmacht, in denen Panzer in Afrika vorrollten und es vom Nordkap bis zum Schwarzen Meer vorwärts gehen sollte, nicht sagen. In deren Texten wurden Bilder vom Kriegsverlauf entworfen, die sich bald erledigt hatten und von Dichtern und Auftraggebern in Vergessenheit gebracht wurden. Nicht ganz, wie der noch immer nicht abgetane Kult um den »Wüstenfuchs« Rommel belegt.

Eindringlicher noch als in Liedern und Gedichten lebt Geschichte in den großen und weit verbreiteten historischen Romanen fort, der vaterländische Krieg der Russen im Jahre 1812 in Leo Tolstois »Krieg und Frieden« (1868/69), der amerikanische Sezessionskrieg in Margaret Mitchells »Vom Winde verweht« (1936), der Erste Weltkrieg in Arnold Zweigs »Der große Krieg der weißen Männer«(1927-1957), in Theodor Pliviers »Des Kaisers Kulis« (1929, 1930 von Erwin Piscator dramatisiert und in Berlin auf die Theater-Bühne gebracht), in Erich Maria Remarques »Im Westen nichts Neues« (1928/29, in den USA

1930 verfilmt), der Zweite dann in Pliviers »Stalingrad« (1945) und in der Romanreihe Konstantin Simonows über den Großen Vaterländischen Krieg, an deren Anfang »Tage und Nächte« (1946) steht. Vom Rang, den manche dieser Bücher in der Auseinandersetzung um Geschichtserinnerungen einnehmen, zeugen erbitterte Anfeindungen die Erich Maria Remarques Weltkriegsroman auslöste.

Nicht weniger hartnäckig wurde und wird bis heutigen Tages über die Erinnerung an Ereignisse und Personen der Geschichte in öffentlichen Räumen gestritten. Hier betrifft der Streit Denkmäler, Gedenksteine und –tafeln und die Namen von Bergen und Hügeln, Bauten und Parkanlagen, Straßen, Wegen und Plätzen Über deren Taufe entscheiden selten die Bürger, meist lokale oder regionale Autoritäten, mitunter gar Regierungen oder Parlamente. So kommt es, dass manche Straße schon die zweite oder dritte Umtaufe hinter sich hat. Aus der Kaiser-Wilhelm- wurde die Hindenburg- oder später die Adolf-Hitler-Straße, die, was den Feldmarschall angeht, nicht überall selbst wieder der Geschichte angehört. Niemals wurden in Deutschland Zeugnisse der Vergangenheit so gründlich und mitunter auch blind beseitigt wie nach 1990 die aus DDR-Zeit, ein Vorgang, in dem sich wie in ähnlichen Fällen neben aktuellem Opportunismus letztlich das freilich nie verwirklichte Interesse spiegelte, eine Geschichtsperiode ganz in Vergessenheit zu bringen.

Nach und mit Politikern; Schriftstellern, Dichtern, Künstlern und Bildhauern sind es die Historiker vom Fach, die sich für das Nachleben der Ereignisse und Personen unter eigenen Perspektiven und Fragestellungen zuständig fühlen und zu deren Aufgabe es gehört, den bewahrenswerten und traditionswürdigen Teil vom Gesamterbe zu sondern. Zu ihren Fragen gehören die: Was haben die Geschehnisse in ihrer Zeit bewirkt? Welche Langzeit- und Spätfolgen sind von ihnen ausgegangen? Welchen Platz nehmen sie folglich in der National- oder Weltgeschichte ein? Was lässt sich ihrer Rekonstruktion und Analyse an Gedankenanstößen, Ermutigungen oder Warnungen, an Lehren gar abgewinnen? Dabei sprechen die Geschichtswissenschaftler so wenig wie Politiker oder Schriftsteller mit einer Stimme. Und dies, weil ihre Forschungen aufgrund des zu gewinnenden begrenzten Wissens unvermeidlich und venünftigerweise von Zweifeln begleitet werden und dann und mehr noch, weil in ihre Befunde und Urteile methodologische Standpunkte ebenso hineinspielen wie politische und weltanschauliche.

Gegenwärtig, da die von Film und Fernsehen, in der Tagespresse, in Zeitschriften, Fotobänden und Museen verbreiteten meist leicht verdaulichen Geschichtsbilder unausgesetzt zunehmen, ist das geschriebene Wort, selbst wenn es in gut lesbaren Erzählungen geboten wird, zunehmend in die zweite Reihe gedrängt. Das schließt das Auftreten so genannter Bestseller nicht gänzlich aus, doch bleibt deren Konsum auf bildungsbürgerliche Schichten begrenzt. Geblieben ist den Historikern ihr Einfluss auf Autoren von Schulgeschichtsbüchern und über sie auf den Teil der Schuljugend, der das Fach nicht in höheren Gymnasialklassen schon »abgewählt« hat. Und geblieben ist ihnen die Chance, Legenden und Lügen entgegenzutreten, sofern sie die damit verbundenen Auseinandersetzungen auf sich nehmen wollen und sich dazu auch materiell in den Stand versetzen können. Nichts und niemand hat das in den letzten Jahrzehnten in der Bundesrepublik deutlicher gemacht, als die Autoren der im Jahre 1995 gezeigten Wanderausstellung, die der Mär von der ehrenhaft kämpfenden »sauberen« Wehrmacht den Garaus machten. Damit endete in Westdeutschland eine Phase des legendären und verlogenen Nachlebens der faschistischen Streitkräfte, in die es keinen Rückweg mehr gibt.

Alles bis hier Gesagte gilt für den Befreiungskrieg des Jahres 1813 in besonderem Maße. Nicht nur die militärisch-politische Wende der Machthaber, all der Könige

Fürsten, Großherzöge und anderen Landesherren, in deutschen Staaten vom Kriegsverbündeten Napoleons zu dessen Gegner bot eine Herausforderung zur fortdauernden geistigen Beschäftigung mit dem Geschehen. Das tat mehr noch die Deutung, die sich mit ihm verband und die im Bild vom Erwachen einer Nation gipfelte. Tatsächlich gehört zu den vielen Beinamen, die dem Franzosenkaiser gegeben wurden, ja auch der eines »Erweckers der deutschen Nation«. Und dann wirkten in jenem Jahr 1813, und schon es vorbereitend, Persönlichkeiten, die durch ihre Ideen, ihr praktisches Verhalten und ihren Charakter Denkwürdigkeit beanspruchen können: Stein und Hardenberg, Clausewitz und Scharnhorst, Yorck, Blücher und Bülow, Humboldt. Sie zogen Biographen ebenso an wie Porträtmaler. Man muss lange suchen, um ein zweites Ereignis deutscher Geschichte aufzufinden, das ähnliche Aufmerksamkeit in Literatur, Kunst und Wissenschaft auf sich gezogen hat, ein ähnlich langes und intensives Nachleben führte wie die Zeit des Befreiungskrieges. Erst ein Jahrhundert danach, als der später als Urkatastrophe des 20. Jahrhunderts bezeichnete Weltkrieg begann und dann nach dessen Ende, hatte es einen anderen Gegenstand gefunden.

Und damit hinein in das Nachleben dieses Jahres 1813, mit dem in der deutschen Geschichte des 19. Jahrhunderts, was das ihm zugewandte Interesse anlangt, nur noch ein Ereignis konkurrieren konnte, die so genannten Reichseinigung des Jahres 1871 mit der Ausrufung des deutschen Kaiserreiches im Schloss zu Versailles.

7. »Teutsche Festtage«

So viele Gedichte geschrieben, Lieder komponiert, Gemälde geschaffen, Zeichnungen angefertigt, Gedenksteine errichtet, Denkmäler gehauen und gegossen wurden, die Geschichte der Befreiungskriege lebte vor allem in Volksfesten, Feiern und Kundgebungen an Orten fort, in denen oder in deren Nähe 1813 Scharmützel, Gefechte oder Schlachten stattgefunden oder die sich – wie Breslau – auf andere Weise während des dramatischen Jahres einen Namen gemacht hatten.

Diese Feste setzten schon am 1. Jahrestag der Schlacht von Leipzig dort und an anderen Orten ein, die sich mit dem Geschehen des da noch fortdauernden, außerhalb der Grenzen deutscher Staaten stattfindenden, 1815 nach Napoleons Rückkehr von Elba noch einmal auflebenden Krieges verbanden. Organisiert wurden sie von kommunalen Zusammenschlüssen der Bürger und Veteranen, bald auch von Studenten. In Leipzig bildete sich schon im Jahr nach der Schlacht ein bis heute fortlebender Verein, der das Gedächtnis an die Schlacht pflegte und sich auch durch die Sammlung von Dokumenten und anderen Zeugnissen verdient machte.

Am Beginn aller Konzepte, wie des Krieges und namentlich der Leipziger Schlacht gedacht werden solle, steht eine eigens zu diesem Thema verfasste Denkschrift Ernst Moritz Arndts, die 1814 in Frankfurt a. M. erschien. Sie enthielt bis in Einzelheiten gehende Vorschläge, was zu tun sei. Demnach sollten »für alle Zeiten« der 18. und 19. Oktober als »teutsche Festtage« begangen werden, die als eine Abfolge von Volksvergnügen, Gottesdienst und Staatsakt zu gestalten wären. Es sollten für die »Kriegsleute« Ehrungen in Kirchen und für Überlebende Ehrengastmähler stattfinden. Die Kinder könnten sich bei eigenen Festen erfreuen, um so früh ein achtendes Verhältnis zum großen Geschehen zu gewinnen. Haus- und Stalltiere sollten eine besondere bessere Verpflegung als üblich erhalten.

Eindeutig waren auch Arndts Vorgaben für die ideologische Prägung der Veranstaltungen. Deutschland sei im Ergebnis des Krieges »wieder ein freies Land« und »in Europa die Weltordnung der Gerechtigkeit wieder hergestellt« worden, Besiegt seien der »wilde Wüterich«, der »abscheulichste aller Tyrannen«, das »tückischeste aller Tyrannenvölker«, die »gräulichsten Räuberhorden«, abgewehrt die »wälsche Nichtigkeit und Erbärmlichkeit«. Zur Funktion des Festes gehörte, »Bindungsmittel« der Deutschen zu sein, was sich äußerlich dadurch bekunden ließe, dass die Teilnehmenden die deutsche »Volkstracht« anlegten, die der Historiker und Philologe jedoch nicht zu beschreiben wusste. Doch besagte sein Vorschlag, dass jede aus Frankreich hergekommene Mode und Art – anderer Formulierungen lauteten »wälsche Hoffahrt« – abzulegen und abzulehnen sei. Vor allem sollten die Versammelten »teutsche Liebe und Treue« bekunden. Im Grunde lief das auf die Auswechslung des französischen gegen den »teutschen« Hochmut hinaus. Und dieser Geist erwies sich als vererbungsfähig, wie – ein Beweis von vielen – ein zum 50. Jahrestag der Völkerschlacht in Leipzig 1863 erschienener »Jubelkalender« bezeugt. Ihn eröffnet ein Gedicht auf die Schlacht, es schloss mit den Reimen »Und schwören zu wahren das deutsche Blut und die deutsche Treue und den deutschen Muth«.

Da die Erinnerung an den Krieg jedoch vielfach mit Gedanken an unerfüllte Hoffnungen und Versprechen, so dem einer Verfassung für Preußen, verbunden waren, zeigte sich die mit der Restauration der alten Zustände befasste Obrigkeit an ihnen, sofern die Regie nicht in ihren Händen lag, nicht nur desinteressiert, sondern betrachtete sie mit Misstrauen. Noch ließ sich das Gedenken nicht auf

Feiern der Monarchie und des Monarchen reduzieren. Doch waren die sie ausrichtenden national-liberalen Kräfte ihrerseits zu schwach, sie zu politischen Großkundgebungen für Bürgerrechte in Staat und Gesellschaft zu gestalten. Und die Massen verfielen erneut, um ein Bild Lenins zu gebrauchen, wieder in jenen tiefen Schlaf, aus dem sie die Ereignisse des Jahres 1812 erweckt hatten.

So geriet die Erinnerung an 1813 beispielsweise in Berlin, wo Bürger ein Denkmal zur Erinnerung an die Kriegstoten gefordert hatten, bald in die Hände derer, die sie für ihre Zwecke zurechtstutzten. Und die Feiern wurden, unbekümmert um seine tatsächliche Rolle, beherrscht von Lobgesängen auf den Monarchen, und dies im Stil einer anderen Vorgabe Ernst Moritz Arndts, in dessen Gedicht »Der tapfere König von Preußen« es hieß: »Drum Vivat der König von Preußen, der Held!« Und derlei Kotaus vor dem Hohenzollern erreichten den Fußboden bei Erwähnung seiner Gattin, die angeblich eines «Märtyrertodes« gestorben wäre.

Friedrich Wilhelm III. legte in Anwesenheit des Zaren Alexander I. am 19. September 1818 selbst den Grundstein für ein Denkmal auf dem Hügel im Süden Berlins, der später Kreuzberg genannt wurde. Karl Friedrich Schinkel entwarf den an eine gotische Kathedrale erinnernden, von einem Eisernen Kreuz bekrönten gusseisernen Turm, der 1821 eingeweiht wurde. Die Inschrift bot die Legende, die währen der noch ein Jahrhundert dauernden Hohenzollern-Herrschaft bei keinem Gedenken fehlte: Der König dem Volke, das auf Seinen Ruf hochherzig Gut und Blut dem Vaterlande darbrachte. Das erste Denkmal an die Befreiungskriege auf preußischem Boden war das auf dem Kreuzberg jedoch nicht. Vordem schon war 1817 ein ebenfalls von Schinkel entworfener gusseiserner Obelisk auf dem Friedhof von Großbeeren eingeweiht worden. Und in Elberfeld hatte schon im September 1815 Peter de Weerth, ein Kaufmann, Großgrundbesitzer und kurpfälzischer

Kommerzienrat, ein Denkmal auf seinem Privatgrundstück errichten lassen. Vor allem aber erinnerten die auf königliche Weisung in Kirchen angebrachten, meist hölzernen Tafeln an den Krieg und seine Toten, die »für König und Vaterland« gestorben oder, wie es meist hieß, gefallen waren; sie führten deren Namen auf, mancherorts auch die Namen der Überlebenden.

Dann kam der 50. Jahrestag des Krieges. Im Jahr zuvor war Otto von Bismarck zum preußischen Ministerpräsidenten ernannt worden. Der 1862 entstandene Konflikt zwischen König und Parlament beeinträchtigte die politische Stimmung im Lande und dazu das Ansehen Wilhelms I. Das ergab ein schlechtes aktuelles Umfeld, um an monarchische Verdienste, freiheitliche Ideen und Verfassungsversprechen zu erinnern. Der ursprüngliche Gedanke König Wilhelms I. in den Städten Preußens die Veteranen des Krieges zu Festessen zusammenzurufen und in Berlin ein solches Treffen für alle mit dem Eisernen Kreuz Ausgezeichneten zu veranstalten, wurde aufgegeben, auch mit dem Blick in die für andere Zwecke reservierten Gelder der Staatskasse. Doch erhielten Veteranen eine Gedenkmünze. Eine eigens berufene staatliche Kommission entschied, dass sich Veranstaltungen »der Hauptsache nach auf Kirchen- und Schulfeiern zu beschränken« hätten. Ohne eine ganz im Zeichen des Militärs und der Verherrlichung der Monarchie stehendes Gedenken ging es aber nicht ab. Der König erschien am 17. März 1863 im Berliner Lustgarten, um dort den Grundstein für ein Reiterstandbild zur Erinnerung an seinen Vater zu legen. Die darin eingelassene Gründungsurkunde pries den »Heldenkönig« und Organisator des »Heldenkampfes« und besagte, dass 1813 »Preußen und mit ihm Deutschland« frei geworden wären. Die Einweihung des Denkmals sollte am Tage des 100. Geburtstages von Friedrich Wilhelm III. stattfinden. Dem Vorhaben kam aber der Beginn des deutsch-französischen Krieges in die Quere.

Das Leipziger Programm unterschied sich von dem Berliner erheblich. Dort versammelten sich liberal gesinnte Vertreter lokaler Körperschaften aus allen deutschen Staaten, die bei dieser Gelegenheit einen »Deutschen Städtetag« gründeten, und Teilnehmer der Schlacht, deren Reisen finanziert wurden. Der Kontrast des Umgangs mit dem geschichtlichen Ereignis war deutlich, an der Spree stand das Gedenken im Zeichen eines Preußen- und Monarchen-, an der Pleiße in dem eines liberal geprägten Nationalkultes. Beides bewegte sich, wenn auch nicht gleichermaßen, fern der Vorschläge und Forderungen Arndts.

Ungleich näher war ihnen das Gedenken im ostpreußischen Grünhoff dem Gut des Generals Friedrich Wilhelm, Reichsfreiherr von Bülow, Graf von Dennewitz (1755-1816) im nördlichen Samland, wo der preußische Heerführer in einer Kapelle auch beigesetzt wurde. Nach einem Bericht verliefen die Feierlichkeiten so: »In feierlichem Zuge, die Schuljugend und die Gemeindegeistlichen an der Spitze, wurde unter dem Gesange: ‚Jesus meine Zuversicht' nach der Ruhestätte des Helden gezogen. Hier nahm die Versammlung unter dem Schutze der uralten Linden und Fichten [...] auf dem Platz vor der Grabkapelle eine Aufstellung im Halbkreis. Der Geistliche stellte sich einige Schritte vor dem weitgeöffneten Eingang der Kapelle auf und hielt eine von warmer Begeisterung und Vaterlandsliebe erfüllte Rede ...« Dann versammelten sich die Festteilnehmer im Herrenhaus zu einem fröhlichen Mahl, während in den Alleen des Parkes an besonders aufgestellten Tischen die Arbeiter des Gutes bewirtet wurden. [...] Ein Feuerwerk und Spaziergang im teilweise illuminierten Park bildeten den Schluß der Feier.«

Inzwischen war auch festgestellt, dass und wie sich bei Gelegenheiten solcher Jubiläen verdienen ließ. Die Königliche Porzellanmanufaktur in Berlin stellte eine Porzellantasse mit Lorbeerkranz und Eisernem Kreuz her, auf dem ein Adler seine Schwingen ausbreitete. Angeboten wurde eine Münze, gegossen aus Kanonenkugeln, die nach der Schlacht von Leipzig gesammelt worden waren.

Nicht in Preußen, sondern in Bayern fand 1863 eine denkwürdige Feier statt und das, wiewohl das Königshaus Napoleon nicht nur ein starkes Truppenkontingent für den Russlandfeldzug gestellt, sondern auch erst kurz vor der Leipziger Schlacht Frankreich den Krieg erklärt hatte und an die Seite der Verbündeten getreten, sein Anteil am befreienden Kriege folglich eher marginal gewesen war und sich auf die verlorene Schlacht von Hanau beschränkte. Das alles focht indessen den Bayernkönig Ludwig I., der den Befreiungskrieg als Kronprinz erlebt hatte, ohne an ihm teilzunehmen, und nach dem Lola-Montez-Skandal schon 1848 sein Amt hatte räumen müssen, nicht an. In mehr als 20-jähriger Bauzeit war auf einem Berg bei Kelheim an der Mündung der Altmühl in die Donau eine monumentale Befreiungshalle errichtet und am 18. Oktober 1863 eröffnet worden. Zu ihren Details im Innern des Rundbaus gehört der eingelassene Spruch Ludwigs »Möchten die Teutschen nie vergessen was den Befreiungskampf notwendig machte und wodurch sie gesiegt«.

Zudem steuerte der reimfreudige Monarch ein Gedicht zum Einweihungsfeste bei. Wenige Tage später beklagte im *Miltenberger Tagblatt* ein Autor jedoch, dass das Land Bayern insgesamt an der Feier in Kelheim rechten Anteil nicht genommen und das Verdienst seines, wenn auch pensionierten Königs nicht gewürdigt habe. Es sei überhaupt zu einem echten Nationalfeste nicht gekommen. Lokal aber hatte es mancherlei Initiativen gegeben. In München wurde ein Festmahl für Veteranen von 1813, von denen manche in Armut lebten, gegeben, an dem der Kriegsminister teilnahm. In Donauwörth erhielt eine betagte Kriegerwitwe bei ähnlicher Zusammenkunft den Ehrenplatz.

8. Jahrhunderthalle und Völkerschlachtdenkmal

Wie 1863 gaben die gesellschaftlichen Zustände und dazu momentane politische Situationen den folgenden Feiern Gepräge und Akzente. Fortdauernd lieferte das Gedenken den Herrschenden die von ihnen nie ungenutzt gelassene Gelegenheit, ihr Verhältnis zur Geschichte und vor allem sich selbst darzustellen. In keinem Jahr wurde das deutlicher als 1913, als ein Gedenkspektakel einmaligen Ausmaßes veranstaltet wurde. Das 1871 entstandene kaiserliche wilhelminische Deutschland, das als Verwirklichung des Sieges von 1813 gedeutet wurde und nach der Devise auftrat »Wir sind wieder wer« und mehr noch sein wollte, pflegte ein Geschichtsbild, das besagte »Und wir waren schon immer wer«. Und Wir meinte in erster Linie Preußen und die Hohenzollern. Kaiser Wilhelm II. feierte Friedrich Wilhelm III., seinen Urgroßvater. Der erschien u. a. auf einer Drei-Mark-Münze, darauf ein Bild vom so genannten Volksopfer mit der Umschrift »Der König rief und alle, alle kamen«, auf deren Rückseite erhob sich ein seine Schwingen ausbreitender Adler, eine Schlange fest im Griff seiner Krallen und dazu der Text »Mit Gott für König und Vaterland« Das ergab ein Lieblingssymbol aller Deutschnationalen; da der sich hoch erhebende, keinen Feind fürchtende Raubvogel, dort das giftige kriechende Getier.

Zum Jubelfest des Jahres 1913 gehörte die Einweihung mehrerer Bauwerke, die sämtlich die Zeiten überdauerten. Breslau erhielt wegen seines besonderen Platzes in der Geschichte des Kriegsbeginns eine für viele Zwecke taugliche Halle, erbaut in einem für Messen bestimmten Terrain und angrenzend an einen weitläufigen Park. Sie erhielt den

Namen Jahrhunderthalle. Als die Stadt 1945 polnisch wurde, wurde sie in *Halle des Volkes* umbenannt. 2006 wurde sie unter ihrer ursprünglichen Bezeichnung (poln. *Hala stulecia*) in die Weltkulturerbeliste der UNESCO aufgenommen. Der Stahl-Beton-Bau am Stadtrand, der etwa zwanzigtausend Menschen fasst, und das erst machte ihn berühmt, war eine technische Spitzenleistung und zum Zeitpunkt seiner Errichtung weltweit einzigartig. Er wurde am 31. Mai 1913 mit einem Festakt eingeweiht, dem der Kaiser fern blieb und lediglich Kronprinz Friedrich Wilhelm beiwohnte. Zur Feier hatte Gerhart Hauptmann ein Festspiel in deutschen Reimen geschrieben. Es missfiel dem königlichen Spross jedoch, da es seine Ansprüche an Kriegsverherrlichung und Siegesverklärung nicht befriedigte, sodass es nach wenigen Aufführungen abgesetzt wurde. Das erste Musikstück, das auf der Riesenorgel, auch sie damals die größte in der Welt, gespielt wurde, hatte dafür eigens Max Reger komponiert.

Kaiser Wilhelm II. besuchte am 25. August 1913 die Befreiungshalle in Kelheim gemeinsam mit dem bayerischen Prinzregenten und späteren König Ludwig III. Danach begab er sich nach Leipzig. Dort wurde am 18. Oktober nach 15-jähriger Bauzeit ein auf Initiative eines Deutschen Patrioten-Bundes errichtetes Denkmal zur Erinnerung an die Völkerschlacht eingeweiht, ein Monstrum. Dazu fanden sich mit dem Kaiser der sächsische König Friedrich August III. und weitere deutsche Fürsten ein, dazu gekrönte und ungekrönte Repräsentanten von Staaten der einstmals Verbündeten, aus Österreich, Russland und Schweden, und viel gaffendes Volk. Namentlich Kriegervereine und Studentenverbindungen gaben der Veranstaltung ihr Gepräge.

Das 90 Meter hochragende Bauwerk des Architekten Bruno Schmitz (1858-1916) und des Bildhauers Christian Behrens (1852-1905), das Trutz und Trotz martialisch ausstrahlt, erhebt sich an jenem Ort, da ein Teil der Schlacht stattfand und soll schon mit seinen Ausmaßen einen Eindruck von der Bedeutung des Ereignisses vermitteln. An der Außenfront über dem Eingang erhebt sich eine gigantische Figur des Erzengels Michael, der als Schutzpatron der Soldaten gilt, den Toten der Schlacht aber rettend nicht beistand. Auch das Innere, die Ruhmeshalle, genügt mit Gestaltung und Prunk allen patriotischen Ansprüchen. Sie wird beherrscht von vier gewaltigen Statuen, Männern, welche Totenwächter darstellen und dazu die vier angeblich deutschen Tugenden versinnbildlichen, als die Tapferkeit, Glaubensstärke, Volkskraft und Opferbereitschaft gelten. Zudem erhielt Leipzig in jenem Jahr zum Andenken an die mit 22.000 Soldaten angegebene Zahl der russischen Toten der Schlacht eine ihrem Andenken und der Verehrung des Heiligen Alexius gewidmete Kirche, die im Stil an den berühmten Turmkirchen von Nowgorod aus dem 16. Jahrhundert orientiert ist. Zu den älteren Erinnerungszeichen an die Schlacht gehört schließlich seit 1857 der Napoleonstein, ein Quader aus rotem Granit, auf dem Kissen, Hut, Fernrohr und Degen auf den Franzosenkaiser verweisen sollen, der hier am 18. Oktober 1813 seinen Truppen den Rückzugsbefehl gegeben habe.

Ungleich bescheidener, aber in seiner Umgebung dennoch imposant war der Turm, der am 23. August 1913 in Großbeeren eingeweiht wurde, in dessen Nähe eine Pyramide an den Generalleutnant Friedrich Wilhelm Bülow von Dennewitz erinnert, der die preußischen und russischen Truppen in der Schlacht gegen die französischen und sächsischen befehligt hatte.

In Berlin begannen die Feiern des Jahres 1913 mit einem Gottesdienst im Dom in Anwesenheit Kaiser Wilhelms II. samt seiner Familie und wurden dann am Standbild Friedrich Wilhelms III. als militärisches Spektakel mit einer Parade fortgesetzt. Zudem hatten Seine Majestät einen Tagesbefehl »An mein Heer« erlassen. Den Geist, in dem das Jahrhundertfest begangen wurde, verdeutlichte auch ein Zug, der vom Berliner Stadtschloss zum Tempelhofer Feld führte und 30.000 Teilnehmer umfasst haben soll. Organisiert worden war er vom Jungdeutschland Bund, einer auf Initiative des Kriegsministers geschaffenen Dachorganisation bürgerlicher Jugendverbände, deren erklärter Zweck die vormilitärische Schulung der männlichen Jugend war und an dessen Spitze ein kaiserlicher Generalfeldmarschall stand.

So massenwirksam die Großveranstaltungen an diesem 100. Jahrestag sein mochten, wirksamer und länger dürfte das weniger Lärm schlagende Gedenken gewesen sein, für das eine deutschnationale Lehrerschaft nicht nur pflichtgemäß, sondern aus eigenem Antrieb in Schulen sorgte. Im Jahreserfolgsbericht einer berühmten Bildungsanstalt Berlins, des Grauen Klosters, dessen Schüler auch in das »historisch-patriotische Schauspiel« *Das Volk steht auf, der Sturm bricht los* eines Kurt Delbrück geführt wurden, hieß es, dass die Lehrerschaft »zuversichtlich erwarten« dürfe, dass ihre Schüler »auch im späteren Leben durch die Tat beweisen, daß sie wissen, was sie dem Vaterlande zu leisten schuldig sind.« Die ältesten von ihnen kamen ein oder zwei Jahre später in die Lage, diese Erwartung auf den Schlachtfeldern des Weltkrieges zu erfüllen. Verglichen mit den Feiern 50 Jahre zuvor waren die von 1913, wenn auch gleichermaßen »patriotisch« ausgerichtet und militärisch geprägt, so weniger preußisch und stärker national eingefärbt, was der Verfestigung der Legende von der Nation, die sich dereinst »wie ein Mann« erhoben hätte, zugute kam.

Zwanzig Jahre später besuchte Hitler, der im Jahresverlauf vorher auch schon am Völkerschlachtdenkmal eine Kundgebung mit seinen Gefolgsleuten veranstaltet hatte, am 22. Oktober 1933 die Befreiungshalle in Kelheim, begleitet vom SA-Stabschef Ernst Röhm, dem Reichsführer der SS Heinrich Himmler sowie dem bayerischen Reichsstatthalter, Franz Ritter von Epp. Er hielt dort, nachdem Richard Wagners Einzug der Götter verklungen war, paradierenden SA-Mannschaften eine Rede. Mit historischen Konkreta hielt er sich nicht auf, ausgenommen die Erwähnung der vielen Opfer, die 1813 um der »Ehre der Nation« willen gefallen seien. Hurrapatriotismus sei mit dem Blick auf sie jedoch unangebracht und »Nationalsozialisten« ohnehin fremd, die mit dem gesamten deutschen Volk Frieden und Ruhe wollten, um ihrer Arbeit nachgehen zu können. Nur eben die »Ehre der Nation« müsse wiederhergestellt werden, doch sei dazu Krieg nicht notwendig. Der Bezug des Auftritts war klar: Deutschland hatte drei Tage zuvor, am 19. Oktober, seine Mitgliedschaft im Völkerbund aufgekündigt, weil – so die propagandistische Begründung – die weitere Zugehörigkeit wegen der verweigerten Gleichberechtigung mit seiner Ehre unvereinbar sei. Eine Volksabstimmung war anberaumt, die diesen Schritt gutheißen sollte und so geschah es am 12. November 1933 dann auch.

Doch die Bezugspunkte auf Geschehnisse und Personen der preußisch-deutschen Geschichte lieferten den faschistischen Machthabern Friedrich II. – auf mehrere verlorene Schlachten kam es nicht an, da doch die Kriege gewonnen worden waren – und Bismarck, die als makellose deutsche Helden präsentiert wurden. Und so entstand zwischen 1933 mit *Der Choral von Leuthen* bis 1942 *Der große König* eine Serie von Filmen über die Zeiten des Siebenjährigen Krieges. Die Befreiungskriege lagen hingegen zu nahe an der Katastrophe der Jahre 1806/07 und die Hohenzollern, mit der Ausnahme des »alten Fritz«, bildeten ein Erbe, das nicht recht verwertbar war. Das traf angesichts des Frauenbildes der Nazi-Ideologen auch die Königin Luise unter deren Namen sich 1923 ein Frauenbund gegründet hatte, der die NSDAP unterstützte, sich 1934 wie andere monarchistische Organisationen aber selbst auflöste. Im gleichen Jahr erschien mit »Schwarzer Jäger Johanna« noch ein Spielfilm, der die Geschichte einer als

Mann verkleideten Frau erzählt, die in einem Freikorps am Krieg gegen Napoleons Armeen teilnimmt. Am 200. Todestag, 2010 also, ist übrigens in der Bundesrepublik, wo die Monarchin schon 1957 in einem Spielfilm wieder geboren worden war, eine Neugründung eines nach ihr benannten Bundes erfolgt, der freilich wohl keine Aussicht hat, wie sein Vorgänger eine Massenorganisation zu werden.

Der ideologische Zugriff der Goebbelspropaganda auf die napoleonische Periode und den Befreiungskrieg erfolgte erst in der Agonie des faschistischen Regimes und da mit dem Film *Kolberg*, der unsäglichsten propagandistischen Ausbeutung einer Episode aus dem Krieg von 1806/1807. Verklärt wurde die Geschichte der Verteidigung der an der Ostsee gelegenen preußischen Festung, als deren Helden Gneisenau und der Stadtbürger Joachim Christian Nettelbeck gelten, die vordem beide schon fest in deutsche Geschichtsbilder gehörten. Der Reichspropagandaminister ließ das bis dahin an Personal, Technik und Menschenaufgebot aufwändigste Stück deutscher Filmgeschichte herstellen, um mit ihm ein anfeuerndes Beispiel für den längst aussichtslosen Kampf Deutschlands gegen die hoffnungslos überlegenen Armeen der Alliierten zu geben. Der Film wurde 1945 fertig und in der von deutschen Soldaten behaupteten Festung La Rochelle an der französischen Atlantikküste uraufgeführt.

9. Nach zwei Weltkriegen

Dann herrschte für einige Jahre auch über diesem Teil deutscher Vergangenheit Stille. Die Deutschen hatten von Krieg und Kriegsgeschrei übergenug. Sie suchten sich in den Trümmern ihrer Städte und der Ärmlichkeit des Nachkriegs einzurichten, erwarteten die Heimkehr ihrer Kriegsgefangenen und betrauerten ihre Toten. »Wenn alle untreu werden?« Sie hatten mit Treue gerade den Falschen bedacht und ebenso die anderen »deutschen« Tugenden auf eine falsche und verbrecherische Sache gewendet. Daran wollten sie nicht erinnert werden. Die Unterbrechung dauerte jedoch nur kurz. Doch war die Bezugnahme auf das inzwischen 140 Jahre zurückliegende Geschehen von völlig anderem Charakter als alle vorherigen und sie erfolgte vor allem im Osten Deutschlands, der Deutschen Demokratischen Republik. In ihr wurde im Jahre 1953 von staatswegen organisiert und mit Aufwand an die Befreiungskriege erinnert. Der Kulturbund zur demokratischen Erneuerung gab eine kleine Schrift mit Beiträgen von Alexander Abusch und Willi Bredel und Texten u. a. von Arndt und Körner heraus. Schon 1952 waren in einer Broschüre drei Aufsätze von Fritz Lange über die »Volkserhebung von 1813« erschienen, sie hatte den Untertitel »Über die Notwendigkeit aus der eigenen Geschichte zu lernen« erhalten. Hervorgekehrt wurden in der Kampagne drei Aspekte: die deutsch-russische, in Wahrheit doch preußisch-russische »Waffenbrüderschaft«, eine Erinnerung, die der Befestigung des angebahnten, aber nicht populären Bündnisses mit der Sowjetunion dienen sollte, das sich mit der Mitgliedschaft der DDR im Warschauer Pakt bald auch auf das Gebiet des Militärwesens erstreckte. Gewiss, eine Allianz zwischen Friedrich Wilhelm III. und dem Zaren Alexander zu feiern, das erforderte, an Geschichte viel wegzulassen. Doch so war vordem in anderer Absicht und zu schlechteren Zwecken schon verfahren worden, wobei jeweils anderes hervorgekehrt oder ausgeblendet wurde. Korrigierend wirkten Friedrich Engels Aufsätze *Deutsche Zustände*, die in billiger broschürter Ausgabe auf den schmalen ostdeutschen Buchmarkt gelangt waren. Wer dazu griff, dem wurde von dem damals noch sehr jungen Demokraten, dem späteren Altmeister historisch-materialistischer Geschichtsanalyse, die Janusköpfigkeit dieses Befreiungskrieges auseinandergesetzt. Vor allem öffnete dessen Sicht den Blick auf einen zweiten aktuellen Bezug. Indem Engels betonte, dass die Massen nach dem Krieg um die versprochenen und gedachten Früchte ihres Kampfes betrogen worden waren, ließ sich daran der Vorsatz knüpfen, dass nach diesem Kriege, in dem sie freilich eine ganz andere Rolle gespielt hatten, dem Volke gleiches nicht passieren sollte

Zum dritten wurde an die Ereignisse von 1813 als Aufbruch einer Nation erinnert und das besaß einen direkten Bezug zur Tatsache, dass die Nation im Begriff war, in zwei Staaten geteilt, sehr unterschiedliche Wege zu gehen, und eine Entwicklung eingeleitet war, der die Regierung in Berlin (Ost) anders als die in Bonn nach Kräften entgegen zu steuern suchte. Ihre waren jedoch die schwächeren und so ließen sich Fortdauer und Zementierung dieses Prozesses der Spaltung auf unbestimmte Frist hin absehen.

Zunächst aber blieb nationale Einheit die ostdeutsche Parole. Sie beherrschte auch die Festtage die aus Anlass des Jubiläums in Leipzig veranstaltet wurden. Kundgebungen fanden an mehreren Orten, so am Völkerschlachtdenkmal, an der russischen Kirche, in einer Messehalle statt, es gab einen Festzug in ziviler und historischer Verkleidung und Ehrenwachen, gemeinsam von sowjetischen Soldaten, Volkspolizisten und Mitgliedern der Freien Deutschen Jugend gestellt, eine Ausstellung des stadtgeschichtlichen

Museums. An dieser wurde in der Zeitung kritisiert, dass sie den Kampfwillen der Werktätigen nicht genügend herausstelle und auch nicht den »Verrat und Betrug der herrschenden Klasse«. Erich Honecker, Vorsitzender der Jugendorganisation, sprach auf einer Kundgebung, auf der ein Fanfarenzug Begeisterung durch Lützows verwegene Jagd hervorrief. Sonst aber war von Körner, dem Autor der Kriegsgesänge, der mit Gewissheit weitere Gedichte verfasst haben würde, wäre er nicht während eines Gefechtes nahe dem mecklenburgischen Gadebusch zu Tode gekommen, im Unterschied zu den anderen Persönlichkeiten des Krieges von Stein bis Friesen und von Hardenberg bis Humboldt nicht die Rede. Der Generalsekretär der Sozialistischen Einheitspartei und stellvertretende Vorsitzende des Ministerrats der DDR Walter Ulbricht, ein in Leipzig geborener Sachse, schrieb im Leitartikel für die Zeitung *Neues Deutschland*, der Ausgangspunkt der Erhebung sei ein »Emigrantenzirkel in Petersburg« gewesen, zitierte Arndts *Deutsche für Deutsche* und verwies darauf, dass das nach 140 Jahren wieder gespaltene Deutschland heute leichter um seine Einheit kämpfe, habe es doch die Sowjetunion auf seiner Seite und dazu 800 Millionen Friedensfreunde in aller Welt. Zugleich wurde betont, dass die Feiern im Unterschied zu jenen der Jahre 1913 und 1938 frei von allem Nationalismus seien und auch auf die Herstellung freundschaftlicher Beziehungen zu Frankreich zielten. Dieses Bild von 1813 war bei aller politischen »Verlängerung« im Ganzen korrekt bis auf einen Punkt. Es transportierte die Legende vom Volk, das geschlossen aufbrach, seine Freiheit zu erkämpfen. Das befriedigte nach den Jahren der faschistischen Massengefolgschaft das Bedürfnis auf eine optimistische Sicht auf die Rolle der Volksmassen.

Dass in der DDR intensiver und häufiger auf das Jahr 1813 Bezug genommen wurde als in der Bundesrepublik lag auch daran, dass sich auf ihrem Staatsgebiet die historischen Orte befanden, in oder bei denen sich Hauptereignisse oder solche, die in diesen Rang gesetzt wurden, zugetragen hatten. Das galt für die Schlachten bei Weißenfels und Lützen, bei Bautzen und Dresden, bei Großbeeren und Dennewitz, für Stralsund und natürlich für Leipzig. Andere Orte gehörten zum polnischen oder tschechoslowakischem Staatsgebiet, so Breslau und Kalisch, Kolberg, die Katzbach, die wilde Neiße und Kulm. Tauroggen war litauisch, Königsberg sowjetisch geworden. Auch die wenig rühmliche Rolle von Napoleons Langzeitverbündeten in Bayern, Württemberg und Baden mag dazu beigetragen haben, dass in westdeutschen Ländern weniger Anlass gesehen wurde, sich jener Periode deutscher Geschichte zu erinnern.

Seit den 50er Jahren nahmen sich auch Geschichtspublizistik und Geschichtsforschung wieder und neu Themen an, die Ereignisse und Personen aus den Jahren 1806/07 bis 1815 betrafen. Eine heranwachsende Generation von Wissenschaftlern tat das, sich von den durch deutschen Nationalismus geprägten Geschichtsbildern abgrenzend, die sie vorfand und aus ihrer Schulzeit kannte.

In beiden deutschen Staaten wurde, wie vordem schon, durch die Herausgabe von Sonderbriefmarken und -münzen an Persönlichkeiten des antinapoleonischen Krieges erinnert. 1953 erschien eine Briefmarke zum Andenken an Ferdinand von Schill, der 1976, zu seinem 200. Todestag eine Münze folgte. Schon 1963 war ebenfalls im ostdeutschen Staat eine Serie herausgekommen, die Gneisenau und Blücher, die Kosaken und die Landwehr in Berlin, das Lützower Freikorps und Scharnhorst und Kutusow zeigte. Die DDR gab 1980 anlässlich von dessen 200. Geburtstag eine Briefmarke mit dem Kopfbild von Clausewitz heraus, die BRD tat das ein Jahr später aus Anlass seines 150. Todestages. Auch zum 75-jährigen Bestehen des Völkerschlachtdenkmals wurde 1983 eine Sondermarke ediert. So ging es in der vergrößerten Bundesrepublik fort. 1992 war Blücher anlässlich seines 250. Geburtstages mit einem

Markenzeichen an der Reihe. Die Deutsche Post verkauft seit dem 2. November 2012 einen Gedenkbriefumschlag, der an die Tat von Tauroggen erinnert, auf ihm lässt sich die historisch-geographische Karte Ostpreußens erkennen.

1972 hatte sich auch in der DDR der Spielfilm des Geschehens wieder angenommen. »Die Lützower« nach einem Drehbuch, das einer Darstellung und einem Theaterstück von Hedda Zinner aus dem Jahre 1955 folgte, machte dem Publikum jedoch keinen besonderen Eindruck. Das tat hingegen der in der Sowjetunion schon 1943 gedrehte Film »Kutusow«, der bei seinem Erscheinen sowjetischen Soldaten und Bürgern ein Beispiel des Verhaltens im Kriege geben sollte, handelte er doch von der Wende eines Krieges. Zudem war die Brücke zu Kutusows Zeiten dadurch geschlagen, dass der Krieg gegen die deutsch-faschistischen Eindringlinge und deren Verbündete den Namen Großer vaterländischer Krieg erhalten hatte und dies nach dem Vaterländischen des Jahres 1813.

Nun also der Zweihundertste! Zu begehen in einem Europa, dessen Staatenmehrheit in politischen, militärischen und wirtschaftlichen Verträgen verbunden ist, auf Gedeih und Verderb wie die ökonomische Krise den Bürgern zwischen Lissabon und Athen und auch den in weiter nördlich gelegenen Ländern deutlich macht. In dieser Region des Erdballs herrscht die Überzeugung, dass die Kriege zwischen den in ihr gelegenen Staaten ein für allemal der Vergangenheit angehören und – weniger verbreitet – der Glaube, dass ihre Soldaten einzig in anderen Gegenden der Welt für Demokratie und gesicherte Menschenrechte zu kämpfen hätten. Was soll da Erinnerung an Schlachten, ausgetragen von Truppen aus Reichen und Staaten, die wie Preußen die österreichische und die russische Monarchie seit nahezu einem Jahrhundert im vollen Wortsinn der Geschichte angehören und die eben noch in Schulbüchern Erwähnung finden? Darüber sind Teilnehmer jener Generalprobe befragt worden, die 2012 in Leipzig und mit dem Blick auf das Doppeljubiläumsjahr genannte 2013 vonstatten ging. Da hatten sich, besagten Meldungen, 1.500 Männer aus mehreren Staaten des Kontinents versammelt, um für die so genannte Nachstellung der Leipziger Schlacht zu proben. Gekommen waren sie u. a. aus Deutschland, Italien, Schweden, Belgien, Frankreich, England, Niederlande, Österreich, Polen, Tschechien und Baschkortostan (besser bekannt noch unter dem Namen Baschkirien). Gedresst wie die Soldaten zweihundert Jahre zuvor, mit Nachbildungen der Waffen von einst ausgerüstet, gingen sie auf einem dafür bestimmen Kampfplatz aufeinander los, lärmten und schossen und – »fielen«, spielten mithin ihre Rollen wie die Mimen auf einer Theaterbühne, nur nicht in einem Saal, sondern bei Freilicht und in der teils sehr frischen Herbstluft, die sie nicht hinderte, zu biwakieren, also es sich nächtens in Zelten auf Strohsäcken bequem zu machen. Dabei wurden polnische und französische Teilnehmer, einer der letzteren in der Uniform eines Marschalls, befragt, was sie so antriebe und ihnen erkennbares Vergnügen bereite. Sie packe dabei ein Glücksgefühl darüber, dass es heute ein anderes Europa gebe, als zwei Jahrhunderte zuvor, lautete übereinstimmend der Antworten Kern. Ob nicht Alternativen denkbar seien, es auszudrücken, statt sich als von einer Kugel niedergestreckter, sterbender Soldaten neben seine schon toten Kameraden zu werfen, wurde von der verwunderten, höflichen Fernsehreporterin nicht weiter gefragt.

Nun, die Generalprobe scheint geglückt, kann es losgehen. Kriegsleute werden nicht nur aus damals beteiligten Staaten, also auch aus Schweden, kommen für dessen Bewohner jener Krieg der letzte war, an dem sie teilnehmen mussten. Bis aus Kanada und Australien werden sich Männer einstellen, 2012 lagen 3.000 Anmeldungen schon vor, 5.000 werden insgesamt erwartet. Die Plätze für die Biwaks, darunter auch eines für die Kavalleristen und ihre Pferde sind bestimmt. Auch Kaiser Napoleon wird nicht fehlen. Die Szene des Abtransports des Sachsenkönigs in preußische Gefangenschaft ist in der »Nachstellung« nicht vorgesehen, so dass für ihn ein Komparse nicht gesucht werden muss. Für den 19. Oktober steht der »Marsch der Uniformierten«, für den 20. die »Gefechtsdarstellung« im Programm. Dafür hat der Verkauf der raren Tribünenplätze ebenfalls mit Einjahresvorlauf schon begonnen. Auf dem Münzenmarkt wird eine Medaille angeboten, die aus dem Metallschrott hergestellt worden ist, den die Schlacht hinterlassen hat. Schwierigkeiten bereitet die Verwirklichung der Idee, den Koloss von 1913 in Leipzig in ein Friedensdenkmal umzuwidmen. Anders als beim Palast der Republik in Berlin ist an einen Abriss nicht gedacht.

Die mehrtägige Feier organisiert kein Generalstab, sondern ein so genanntes Steuerungskomitee. Der Verein zur Feier des 19. Oktober und alle Touristikbüros sind hoch mobilisiert. Im Programm ist auch eine wissenschaftliche Konferenz nicht vergessen. Die Schirmherrschaft wurde nicht, was immerhin denkbar gewesen wäre, einem dadurch geehrten Nachkommen eines sächsischen Kriegers von 1813 angetragen, der damals übergelaufen war. Übernommen hat sie der Präsident des Europa-Parlaments. Auch wenn die deutsche Sozialdemokratie, der er angehört, in Sachen Krieg und Frieden keine gerade blütenweiße Weste hat, soll hier in der »Heldenstadt« ein Fest des Friedens und der Versöhnung begangen werden. Freilich auf eigentümliche Weise und ein wenig nach teutscher Art. Vielleicht geraten ja Andreas Gryphius mit seinem Sonett »Thränen des Vaterlandes« 1636 und Matthias Claudius »Kriegslied« von 1774 in eines der Programme und mit ihnen Töne von anderer deutscher Art.

Leipzig ist nicht der einzige sächsische Ort, der sich besonders auf das Jubiläum eingestellt hat.

Das tat auch das Museum auf der Festung Königstein, elbaufwärts südlich von Dresden gelegen, die Napoleon 1813 am 20. Juni nicht mehr als eine Stunde besuchte. Die Sonderausstellung, die dort gezeigt wird, trägt den Titel »Sachsen und Napoleon – der Pakt mit dem Teufel«.

10. Namen, nicht Schall und Rauch

Nirgendwo ist die Geschichte den Heutigen im Alltag näher als in öffentlichen Räumen, in denen sie sich bewegen. Häufig sind sie an diese Nähe so gewöhnt, dass sie dieses ihr Zusammentreffen mit der Vergangenheit als solches gar nicht mehr wahrnehmen. Dabei begegnet sie Städtern in den Namen der Straßen, die sie bewohnen oder auf ihren Arbeitswegen benutzen, ebenso in Bezeichnungen von Gebäuden von Industriewerken bis zu Kirchen.

So sind auch Erinnerungen an die Zeit der Befreiungskriege deutschlandweit anzutreffen. Kein bedeutender Schlachtort, keine herausragende Persönlichkeit jener Jahre, nach denen in Berlin nicht eine oder mehrere Straßen benannt worden wären. Mitunter geschah das in Taufaktionen, so im Jahre 1864, als Straßen nach Blücher, Bülow, dem General Friedrich Kleist von Nollendorf, nach den brandenburgischen Gemeinden Dennewitz und Großbeeren und dem Flüsschen Katzbach benannt wurden. Im Jahr darauf erhielt Preußens Metropole eine Hardenbergstraße, in deren Nachbarschaft 1885 den Steinplatz. Zuvor schon waren Scharnhorst 1860, dann Körner 1865 und Lützow 1867 mit solchem Gedenken bedacht worden, 1892 folgten Tauroggen und Kaub. Mit dem Wachstum der Stadt wiederholten sich Namensgebungen in deren neuen Bezirken und schufen mancherlei Verwirrung. Schon bevor sich der Name des Zaren Alexander I. mit der Geschichte des Befreiungskrieges verband, war der Berliner Königplatz 1805 in Alexanderplatz umgetauft worden. Den Marschällen Kutusow und Schwarzenberg hingegen ist solche Ehrung nicht geworden und ebenso wenig Österreichs

Kaiser Franz I. Vielerorts waren es Stadtväter und lokale Parlamente, die sich der Geschichte und deren Gestalten annahmen oder eben auch nicht.

Wie Erhebung und Krieg des Jahres 1813 mit seinen Folgen Philosophen, Historikern, Militärexperten und Politikern Denkstoff in Massen hinterließ, mit dessen Verarbeitung sich Angehörige mehrerer Generationen befassten, so gaben sie Künstlern verschiedener Genres immer wieder und neue Impulse für ihr Schaffen und dazu Verdienstmöglichkeiten. Maler und mehr noch Architekten und Bildhauer erreichten mit ihren Mitteln zudem jene übergroße Mehrheit von Menschen, die weder zu wissenschaftlicher noch zu anspruchsvoller politischer oder so genannter schöner Literatur greift. Eine besondere Spezies bilden die Druckwerke der Historiker, Zeugnisse von deren bis heute ungestillten Forscherinteresses, das sich so aber nicht geltend machen könnte, hätte sich in der Gesellschaft nicht eine Nachfrage von Lesern erhalten.

Wer im Katalog der Staatsbibliothek Berlin nach dem Stichwort Befreiungskriege fragt, erhält 573 Hinweise, für die Völkerschlacht gibt es 152, für den Fürsten Blücher 140 und selbst für die Schlacht an der Katzbach 21. Allein die Zahl der speziellen Arbeiten zur Geschichte des Eisernen Kreuzes beträgt elf. Damit sind jedoch nicht alle Publikationen erfasst, nicht die akademischen Dissertationen und nicht die Aufsätze in wissenschaftlichen Zeitschriften. Erste Darstellungen der Völkerschlacht und eine Sammlung ihr gewidmeter Lieder erschienen noch im Jahre 1813. Und kürzlich erst, 2007, wurden Briefe eines Zeitgenossen der Schlacht herausgegeben. Schon 1814 gelangten in Berlin zwei Kurzbiografien Blüchers in den Bücherhandel. 2010 wurden Briefe herausgegeben, die der Marschall von seinen Kriegszügen 1813 bis 1815 an seine Frau schrieb.

Eben ist eine weitere Geschichte des Eisernen Kreuzes angekündigt, sie bildet den Begleitband zu einer Ausstellung, die 2013 im Heeresgeschichtlichen Museum in Rastatt gezeigt werden wird.

Mit ihren Federn prägen bis heute Schriftsteller und Dichter viele Geschichtsbilder und so auch die der napoleonischen und antinapoleonischen Kriege. Unter ihnen sind es vor allem Romanenautoren und Lyriker, die lebhafte und einprägsame Vorstellungen von Geschehnissen bilden, die sie selbst, sind sie Nachgeborene, sich erst aus Quellen und wissenschaftlicher Literatur erarbeitet haben. Die forschenden Historiker stehen dabei am Anfang einer Kette von Produzenten. Sie sind Lieferanten, die auf den Gebrauch, der von ihren Erzeugnissen in Literatur, jedweder Publizistik oder Politik genommen wird, so wenig Einfluss besitzen wie der Verkäufer von Fleisch oder Kartoffeln auf deren Verzehr. Notfalls bleibt ihnen der gehörte oder missachtete Protest. Hinzu kommt, dass sich ihre gedankliche Reichweite mitunter als ungleich geringer erweist denn die eines Lyrikers, namentlich, wenn sein Gedicht vertont wird, gar den Rang eines Volksliedes erreicht und in Schulbücher vordringt. Körners »wilde verwegene Jagd« hat das Bild von den Lützowern mehr geprägt als alle geschichtswissenschaftlichen Analysen.

Die künstlerische Zuwendung galt vornehmlich den großen und dramatischen Ereignissen des Befreiungskrieges, den Schlachten und aus ihnen überlieferten Episoden und, ihnen ebenbürtig, Personen, mit deren Handeln sich das Geschehen in hohem Maße verband. Sie gaben die Sujets schon für Historien- und Porträtmaler ihrer Zeit, von deren Produktionen vieles auch deshalb die Jahre überdauerte, weil sie während des Zweiten Weltkrieges von ihren Plätzen in Museen rechtzeitig in bombensichere Quartiere gelangten. Auf den vorherrschenden Ölgemälden begegnet der Besucher zweihundert Jahre danach Personen, die solches Gedenken verdienten und anderen, die seiner weniger würdig waren und deren Anteil am Geschehen erfunden, weit übertrieben oder verklärt wurde. Letztere gerieten meist auf Denkmalsockel und Leinwände, weil ihre Verherrlichung politischen Zwecken zu dienen vermochte. Das gilt beispielsweise für den Preußenkönig Friedrich Wilhelm III., den 1807 samt seiner Gattin, der Königin Luise, vor Napoleon in den äußersten Nordosten seines Reiches Geflohenen. Der hatte fünf Jahre später buchstäblich auf den Kampfplatz getragen werden müssen. Seine eigenen politischen und militärischen Verdienste sind unauffindbar, sieht man von Unterschriften unter Dokumenten ab, die seine Autorisierung brauchten.

11. Legenden vom Ritter und der Madonna

Über den Mann hatte der Berliner Volksmund sein Urteil bald nach der Niederlage von Jena und Auerstedt und dem Einzug der Franzosen in Berlin mit dem Spottvers gesprochen »Unser Demel is' in Memel«. Das hinderte den Maler Karl Franz Jacob Heinrich Schumann (1763-1827) nicht, ihn auf einem etwa 1815 entstandenen Ölbild hoch zu weißem Ross und enthusiastisch begrüßt von – vorwiegend weiblichen – Einwohnern als Sieger aus dem Kriege nach Berlin zurückkehren zu lassen. Und das war nicht der einzige Kotau eines Künstlers vor dem Hohenzollern. Hymnischer noch feierte ihn eine ebenfalls alsbald nach Kriegsende in den Verkehr gebrachte Medaille, deren Vorderseite Friedrich Wilhelm bei einer Ansprache an seine Soldaten zeigte, dazu die Inschrift »Preußens ritterlicher König ruft sein Volk im Jahre 1813«.

Der Maler Heinrich Olivier, der 1813 in die Deutsche Legion eingetreten war, glorifizierte des Königs Rolle in frei erfundener Darstellung. Ihr zufolge schloss Friedrich Wilhelm III. mit dem Zaren Alexander am 27. Februar 1813 den Vertrag von Kalisch (damals im Herzogtum Warschau gelegen. Tatsächlich taten das beider Beauftragte. Das Bild hingegen präsentiert die Majestäten in einer mittelalterlichen Kirche, in der sie einander einen »Treueschwur« leisten. Das Werk erhielt zudem den verklärenden Titel »Die heilige Allianz«. In Wahrheit war es dem Preußenkönig beim späten Wechsel seines Bündnispartners vornehmlich um die ganz unheilige Frage zu tun, wo die Grenzen seines Staates nach Kriegsende verlaufen würden.

Ungleich größer noch dürfte die Zahl der Betrachter und damit die Wirkung der Denkmäler gewesen sein, die dem König, dem der Beiname »der Gerechte« beigelegt worden ist, errichtet wurden. Das Standbild von August Kiß, vier Jahre nach des Königs Tode 1844 in Potsdam eingeweiht, zeigte ihn in Generalsuniform. Es überstand wie ähnliche Werke die ideologische Kampagne wider das »reaktionäre Preußentum« nicht, die nach Ende des Zweiten Weltkrieges in dem einst zu Preußen gehörenden Gebiet Ostdeutschlands und der eben gegründeten DDR geführt wurde und die Teil der Auseinandersetzung mit Deutschlands militaristischer Erbschaft war. Aus anderen Gründen überdauerte auch das dem König 1851 in Königsberg ebenfalls von Kiß geschaffene Denkmal, zu dessen Einweihung der Nachfolger erschienen war, die Zeiten nicht. Es hatte ihn, platziert vor dem Universitätsgebäude, lorbeerbekränzt und im Purpurmantel hoch zu Ross gezeigt. 1950 wurde es in der inzwischen zum russischen Kaliningrad gewandelten Stadt abgebaut und eingeschmolzen. Vordem schon hatten Polen in Kolobrzeg, dem einstigen Kolberg, das dort 1860 errichtete Standbild des Königs von Friedrich Drake beseitigt. Vom gleichen Bildhauer stammt auch das erhaltene Standbild des Königs im Großen Tiergarten in Berlin, dessen Original heute in der Zitadelle der einstigen Festung Spandau aufbewahrt wird. Dorthin geriet ebenso ein weiteres Standbild Friedrich Wilhelms, das sich am Fuße der Siegessäule befunden hatte.

Das Kolossaldenkmal für den König aber errichteten sich 1878 die Kölner, wie es hieß als späten Ausdruck für den »Dank der Rheinlande« für ihre Aufnahme in den preußischen Staat. Zur Einweihung reiste Kaiser Wilhelm I. an. Geschaffen von Gustav Bläser, einem Rauch-Schüler, überragt es einen der ältesten Plätze der Innenstadt. An seinem Sockel drängen sich, nicht anders als am Denkmal Friedrichs II. Unter den Linden in Berlin, Standbilder von des Herrschers »Bediensteten«. Insgesamt sind das 16

Militärs und Zivilisten, zu denen Blücher, Yorck, Scharnhorst, Gneisenau und Bülow, dazu Hardenberg, Stein, Humboldt und Arndt gehören. Im Zweiten Weltkrieg bei Bombenangriffen weitgehend zerstört, nach dessen Ende Metallsammlern großen Teils in die Hände gefallen, die Reste abgetragen, sodann ausgebessert, schließlich wieder errichtet und endlich vollständig erneuert, hat es 2009 seinen Platz nun mit Aussicht auf Dauer wieder besetzt.

Die letzte Aufstellung eines Denkmals für den Preußenkönig fand 1935 statt. Da wurde im sachsen-anhaltinischen Merseburg sein bronzenes Reiterstandbild, geschaffen von Louis Tuaillon, einem Schüler von Reinhold Begas, in einer Parkanlage platziert. Das geschah, ohne dass die Stadt und diese Majestät eine besondere Beziehung zueinander besessen hätten, sieht man von der Überlieferung ab, der »hochselige König« – so die Inschrift, die daran erinnert – habe auf einer Brücke über der Saale die Nachricht vom Sieg bei Waterloo erhalten.

Dass dieser König aber im dritten Jahr der Nazidiktatur eine weitere Ehrung erfuhr, war in mehrfacher Hinsicht ein Kuriosum. Die Hohenzollern hatten mit der Flucht Kaiser Wilhelms II. nach den Niederlanden 1918 abgedankt und von der Hitler-Regierung war 1934 dem öffentlichen Auftreten der Monarchisten, das in der Republik geduldet worden war, ein Ende gesetzt worden. Das italienische monarcho-faschistische Regime galt ihnen nicht als Vorbild. So wurde das Denkmal, das 1918 gegossen worden sein soll, dessen Aufstellung aber Republikanern am Orte unschicklich erschienen sein mochte, nun nach der Liquidierung der Republik ohne alle Einweihungsfeierlichkeit ins Grüne gestellt. Dort war es nicht in allen seitdem verflossenen Jahrzehnten zu sehen gewesen. 1998 ist es in den Schlossgarten, für dessen ursprüngliche Gestaltung Peter Josef Lenné 1825 gewonnen worden war, zurückgekehrt, wo der Preuße nun wieder reitet.

Alle Ruhmeskränze, die dem König auf diese und andere Weise geflochten wurden, wirken bescheiden verglichen mit jenem Heiligenschein und der Märtyrerinnenkrone, mit dem seine Gattin Luise bedacht wurde. Dutzendweise haben sich Maler und Zeichner des geschichtlich bedeutungslosen Ereignisses angenommen, das sich am 6. Juli 1807 zutrug: der Begegnung Luises und Napoleons in Tilsit. Sie kam zustande, weil Friedrich Wilhelm seine Frau zu dem Versuch aufgefordert hatte, den Kaiser durch ein Gespräch für die Fixierung des Friedensdiktats milde zu stimmen. Deutsche und französische Maler haben die Szene und einen Ablauf nach höfischem Zeremoniell dargestellt, so Nicolas Gosse (1787-1878) mit seinem Gemälde *Entrevue de Napoléon Ier et de la reine Louise de Prusse à Tilsitt le 6 juillet 1807*. So beeindruckt Napoleon von seiner Besucherin war, er hatte ihr nichts gewährt. Doch knüpfte sich an den Besuch alsbald dessen berechnende Erhebung zum Opfergang der Königin, dazu frei erfundene Berichte, wonach der siegreiche Monarch sie ungebührlich, ja beleidigend behandelt habe. Die Fama aufnehmend, steuerten Maler und Zeichner mehrerer Generationen bei, den Gedanken zu verbreiten, die von der hohen Frau erlittene Demütigung verlange Rache und die sei nicht nur an dem Korsen zu üben, was 1815 ja geschah, sondern überhaupt und auf Dauer an jenen hochmütigen Franzosen, die Deutschland eine derartige Erniedrigung zugefügt hätten.

Das diente der Pflege des Gedankens, mit den »Welschen« wäre eine Rechnung noch zu begleichen. Den Hauptanteil lieferte dazu Theodors Körner, mit seinen Gedichten auf die Verstorbene. In ihnen finden sich Zeilen wie diese: »Kommt dann der Tag der Freiheit und der Rache: Dann ruft dein Volk; dann deutsche Frau, erwache, Ein guter Engel für die deutsche Sache!« und »Luise sei der Schutzgeist deutscher Sache, Luise sei das Losungswort der Rache!« Auf Jahrzehnte hinaus wurde die Königin zur

»berühmtesten Feindin Napoleons« stilisiert, gemalt und gezeichnet im Gebet, auf dem Krankenlager und im Totenbett. Sie geisterte so noch durch die Republik von Weimar, in der 1923 ein nach ihr benannter Bund gegründet wurde. Dessen Schirmherrin war die letzte Kronprinzessin, eine gebürtige Großherzogin von Mecklenburg-Schwerin. Bevor der Bund 1934 mit den anderen monarchistischen Organisationen sich für aufgelöst erklärte, bekannte er sich zum »Dritten Reich«. –

Was die Zahl öffentlicher und verklärender Ehrungen anlangte, konnte es mit dem Königspaar nur einer aufnehmen: Theodor Körner. Errichtet wurden ihm, wenn auch nicht im gleich anspruchsvollen künstlerischen Format und mit geringerem finanziellen Aufwand, Denkmäler, Steine, Kreuze, Tafeln, Büsten und Stelen, gepflanzt Eichen und Linden, gewidmet Museen und Häuser, nach ihm benannt Schulen. Er wurde der Held von Romanen, Erzählungen, Dramen und einer umfänglichen biographischen Literatur, später auch der von Filmen. Durch all das geriet er von einer Person zu einem Idol. Keine Burg, kein Gutshaus oder Waldstück, kein Berg oder Felsen, wohin er seinen Fuß je setzte, wo sich nicht wenigstens eine Tafel befindet, die an ihn erinnert. Das tun bis heute auch die Namen von Schulen und Kasernen der Bundeswehr. Massenhaft die auf Postkarten verbreiteten Bilder, die ihn dichtend, rezitierend, seine Kriegslieder vortragend, betend, in gestrecktem Galopp dahinsausend, Säbel schwingend, dreinschlagend und dann hingestreckt, verwundet und sterbend zeigen. Als der Glanz des Königspaares schon mächtig verblasste, passte sein »Heldentod« noch immer in das Erziehungskonzept, das Generationen deutscher Knaben animierte, ihm »nachzuleben«. Dann, seit 1914, bekam auch Körner Konkurrenz in den Flieger- und Unterseeboothelden des Weltkrieges, den Richthofen und Boelcke, den Immelmann und Weddigen.

12. Bronze, Marmor und Feldgestein

Bald nach Ende des Krieges 1815 setzten namentlich in Preußen Bestrebungen ein, den Militär- und Zivilpersonen Ehrungen von Dauer zuteil werden zu lassen, die sich im Kampf um die Befreiung des Landes von der Fremdherrschaft wirklich ein herausragendes Verdienst erworben hatten. Daraus wurde keine kurzzeitige Kampagne. Vielerorts bildeten sich Initiativen, die solche Vorhaben förderten und die zu deren Verwirklichung notwendigen finanziellen Mitteln zu sammeln begannen. Das verband sich häufig mit politischen Absichten, Zwecken und Zielen.

Den als verehrungswürdig angesehenen Männern, denn um sie handelte es sich nahezu ausschließlich, wurden Denkmäler und Denksteine gesetzt, Eichen gepflanzt, wie erwähnt, Plätze, Straßen, Wege, dazu öffentliche Gebäude nach ihnen benannt. Im Ruhrgebiet erhielten gar Kohlenzechen ihren Namen. Gleiches geschah mit militärischen Formationen, Kasernen und seetüchtigen Schiffen für kriegerische und zivile Zwecke. In Dortmund wurde ein ganzer Stadtteil auf Scharnhorsts Namen getauft.

Unter den herausgehobenen Personen, die auf die Entwicklung der Geschehnisse 1813 und später wirklich maßgeblichen Einfluss besessen hatten, besetzte der »Marschall Vorwärts« nicht nur den ersten Platz, weil er hoch betagt in den Krieg gezogen war, sondern auch, wei er in ihm eine außerordentliche Popularität gewonnen hatte. Der inzwischen zum Fürsten von Wahlstatt erhobene Gebhard Lebrecht von Blücher, der dreiundsiebzigjährig aus dem Kriege zurückgekehrt war, lebte noch vier Jahre auf seinem Gut Krieblowitz (poln. *Krobielowice*) in Schlesien, wo er starb.

Dort wurde ihm 1853 ein Mausoleum errichtet. Schon 1815 hatten die Stadtverordneten Breslaus beschlossen, ihm ein Denkmal zu setzen. Das geschah nach königlicher Genehmigung auf einem Platz nahe dem Rathaus inmitten der Stadt, der dann auch seinen Namen erhielt. Zu seiner Finanzierung wurde, wie auch an anderen Orten in der Bürgerschaft Sammlungen veranstaltet. Die Einweihung des den Platz überragenden Standbildes, das Christian Daniel Rauch geschaffen hatte, geschah am 26. August 1827, dem Jahrestag jener Schlacht an der Katzbach, in der Blüchers Schlesische Armee, bestehend aus preußischen und russischen Truppen, die Franzosen unter Jaques MacDonald besiegte.

Dem waren Denkmal-Einweihungen andernorts schon vorausgegangen. In Rostock, der Geburtsstadt des Marschalls, wurde 1819 ein Standbild errichtet, das Johann Gottfried Schadow gestaltet hatte, und ebenfalls am Jahrestag eingeweiht, da die Schlacht an dem niederschlesischen Flüsschen tobte. In der Hansestadt trägt der Granitblock, der den Sockel bildet, eine Inschrift Goethes »In Harren und Krieg / In Sturz und Sieg / Bewußt und groß / So riß er uns von Feinden los.«

Noch früher im gleichen Jahr war am 18. Juni in Berlin ein von Friedrich Wilhelm gestiftetes Standbild Blüchers in der Straße Unter den Linden errichtet und eingeweiht worden, das wie das Breslauer Christian Daniel Rauch geschaffen hatte. Berühmtheit erlangte, weil es sich in einer viel besuchten malerischen Rheinlandschaft befindet, auch das Denkmal des Marschalls nahe Rüdesheim bei Kaub. Die Ortswahl erfolgte in Erinnerung an den Übergang der preußischen Truppen über den Fluss in der Neujahrsnacht 1813/1814. Eingeweiht wurde dieses Standbild, geschaffen von Friedrich Schaper, Schöpfer einer Unzahl von Denkmälern für historische Personen vom Großen Kurfürsten bis zu Kaiser Wilhelm I. und Alfred Krupp, 1894, wozu der Jahrestag der Schlacht bei Waterloo bestimmt worden war. Das zuletzt errichtete Denkmal für den Marschall erhielt im Mai 1914 die mecklenburgischen Kleinstadt Laage, in der er sich 1814 kurze Zeit befunden hatte. Es zeigt ihn auf einem Relief, das an der Vorderseite eines mächtigen Steinquaders montiert ist..

Ähnlich ist auch August Neithards von Gneisenau gedacht worden, der zehn Jahre nach der alles entscheidenden Schlacht bei Waterloo, wo er als Blüchers Stabschef agiert hatte, zum Generalfeldmarschall ernannt worden war und sechs Jahre später in der preußischen Provinzhauptstadt Posen während einer Cholera-Epidemie starb. Dort wurde ihm 1913 ein Denkmal gesetzt. Es existierte nur sechs Jahre. Als die Stadt Teil des 1918 wiedererrichteten polnischen Staates wurde, fiel es der Zerstörungswut von Nationalisten zum Opfer, die damit eine Erinnerung an die dritte Teilung Polens beseitigen wollten, die das Land für mehr als ein Jahrhundert von der Landkarte gelöscht und seine Gebiete Russland, Österreich und eben Preußen zugeschlagen hatte. Und die seinerzeitige Entsendung Gneisenaus in die Stadt hatte sich mit dem Gedanken verbunden, preußische Truppen könnten den russischen bei der Niederschlagung eines polnischen Aufstands zu Hilfe kommen. Es war diese Hilfe aber nicht angefordert worden.

Nicht überdauert hat die Zeiten auch das Gneisenau-Denkmal im pommerschen Kolberg, das ihn gemeinsam mit Joachim Nettelbeck zeigte. Es erinnerte, 1903 aufgestellt, in der einstigen preußischen Festungsstadt an deren Verteidigung 1807, die bis zum Frieden von Tilsit gedauert hatte. Geschaffen hatte es Georg Meyer, von dem eine Vielzahl von Denkmälern für die Kriege von 1864 bis 1871 stammen, dazu solche für die Kaiser Wilhelm I. und, Friedrich III, sowie für Bismarck, Moltke und Roon. Er schuf auch die Büste und das Denkmal für Gneisenau, das dessen unfern Torgau gelegene sächsische Geburtstadt Schildau, bekannter durch die Geschichten über deren

Bürger, ihrem Sohn errichten ließ. Es ging verloren. Am Orte, der sich seit 1952 auch offiziell Gneisenaustadt nennen darf und in dem es für den General ein Museum gibt, ist 1960, in DDR-Zeit also, eine neues Denkmal mit der Büste des Militärs aufgestellt worden. Gneisenaus Leichnam war zehn Jahre nach seiner ersten Beisetzung in den Kasematten von Posen nach Somerschenburg in Sachsen-Anhalt überführt worden, wo er 1815 in Ansehung seiner Verdienste eine preußische Domäne als Dotation erhalten hatte. Dort wurde ihm ein Mausoleum errichtet, vor dem sich ein aus italienischem Marmor geschlagenes Standbild des Marschalls von Daniel Christian Rauch erhebt.

Von dessen Hand rührt das wohl berühmteste Denkmal Gneisenaus her, das 1855 errichtet wurde. Es befand sich schräg gegenüber der Neuen Wache Unter den Linden und in Nachbarschaft des Blücher-Denkmals. Dort stand seit 1822 schon ein Standbild für Gerhard von Scharnhorst, das ebenfalls von Rauch stammt. Der preußische General, der auf einem kleinen Gut in Bordenau bei Hannover geboren wurde und Berufssoldat geworden war, hatte es an die Spitze des preußischen Kriegsministeriums, des Generalstabs und jener berühmten Kommission gebracht, die nach der Niederlage von 1806/07 Preußen eine Armee schuf, die jenen Napoleons schließlich Paroli bieten konnte. Er verstarb in Prag, wo er sich mit diplomatischem Auftrag auf dem Wege nach Wien befand, an den Folgen einer un- oder schlecht behandelten Verwundung, die er in der Schlacht bei Großgörschen am 2. Mai 1813 erlitten hatte.

Denkmäler wurden Scharnhorst an seinem Geburtshaus gesetzt, dort mit einer Büste aus der Hand des Berliner Bildhauers Alexander Tondeur, der so auch York von Wartenburg porträtierte, und ein weiteres an seiner Grabstätte auf dem Invalidenfriedhof in Berlin, letzteres war nach Karl Friedrich Schinkels Entwurf gestaltet worden.

Mit dem Denkmal Scharnhorsts flankierte seit 1822 das eines anderen preußischen Generals die Neue Wache, das für Friedrich Wilhelm Graf Bülow-Dennewitz, der 1816 verstorben war. Mit seinem Namen verbanden sich vor allem die Siege über Napoleons Truppen, die 1813 aus Sachsen nordwärts vorstießen und Berlin erneut zu erobern suchten. Sie verloren jedoch die Schlachten bei Großbeeren am 23. August und bei Dennewitz am 6. September, woher dann die Hinzufügung zum Namen Bülows rührte. Da wie dort hatte er preußische und russische Truppen befehligt. Und so gibt es in der Gemeinde Großbeeren auf dem Friedhof einen 1817 aufgestellten Obelisken nach einem Entwurf Schinkels, eine 1906 aus Feldsteinen errichtete Bülow-Pyramide sowie einen mächtigen 1913 eingeweihten Gedenkturm und in Dennewitz ein weiteres Standbild des Heerführers, dessen Gestaltung von den üblichen Feldherrnstatuen abweicht. Es zeigt ihn, herabgebeugt über einem knienden, aber sprungbereiten Soldaten, dem er die Richtung zu weisen scheint, in der er anzugreifen und zu schießen hat. Der General, den der König 1815 mit dem Schloss Grünhoff im nördlichen Ostpreußen und der es umgebenden Domäne beschenkte, wurde zuerst in Königsberg auf einem Friedhof der französischen reformierten Gemeinde, dann, 1843, in einer Grabkapelle im Gutspark beigesetzt.

In Dennewitz wird mit Bogislav Friedrich Emanuel Graf Tauentzien von Wittenberg auch eines anderen preußischen Generals mit einem Stein gedacht. Dessen und Bülow zugeschriebene Äußerungen vor der Schlacht sollen gelautet haben: »Ich werde eher mit meinem ganzen Korps auf dem Platze liegen bleiben ehe ich einen Schritt weiche« (Tauentzien) und »Unsere Knochen sollen vor Berlin bleichen nicht rückwärts« (Bülow).

Viele, nicht alle diese Standbilder und Büsten haben den Zweiten Weltkrieg überdauert. Sie wurden an vom Bombenkrieg ungefährdete Orte gebracht oder an ihrem

Platz schützend ummauert. Verloren hingegen sind die Gedenkzeichen in Breslau, Kolberg und anderen Orten, die 1945 in den neu gegründeten polnischen Staat gelangten. Das gilt auch für das 1945 geplünderte, in den 90er Jahren restaurierte Blücher-Mausoleum und die Familiengruft im schlesischen Krieblowitz, dem Ort, der während der Kampagne zur Beseitigung slawisch klingender Ortsnamen 1937 in Blüchersruh umgetauft wurde und nun polnisch Krobielowice heißt. Vergleichbares trifft auch auf die Ruhestätte Bülows im ostpreußischen Grünhoff zu, das als Teil des Kaliningrader Gebiets heute Roschtschino heißt und zu Russlands gehört.

In Berlin auf der Freifläche zwischen dem Prinzessinnen-Palais und der Königlichen Oper, Bauten aus den Jahren 1733 bzw. 1742, hatte mit Blücher und Gneisenau als drittes Standbild das jenes Generals seinen Platz gefunden, dessen Gestalt sich wie keine zweite mit dem Beginn des Befreiungskrieges verbindet, Johann David Ludwig Graf Yorck von Wartenburg. Fällt dessen Name wird auch der Ort benannt, in dem er mehr Berühmtheit erlangte als in den Schlachten, an denen er an der Spitze von Armeekorps teilnahm und deren Liste lang ist: Großgörschen, Bautzen, Katzbach, Möckern und weiteren auf Frankreichs Boden. Die Rede ist von Tauroggen und dem Waffenstillstand, den er mit dem russischen Generalmajor Hans Karl Friedrich Anton Graf von Diebitsch-Sabalkanski schloss. So populär das Ereignis blieb, es ist dem Manne, sieht man von Berlin und Königsberg ab, wo ihm Standbilder, das in der ostpreußischen Metropole im Jahre 1913, errichtet wurden, weniger öffentliches Gedenken geworden als anderen. In Wartenburg, dem damals sächsischen Dorf, wo er am 3. Oktober 1813 den Elbe-Übergang der schlesischen Armee unter dem Oberbefehl Blüchers erzwang, steht ein Obelisk, auf dem der sich erhebende Adler, dessen Krallen eroberte Fahnen festhalten, die Blicke mehr auf sich zieht als das Medaillon mit dem Kopfbild des Generals. In Potsdam wurde spät, in DDR-Zeit 1971, an der Stelle, da sich sein Geburtshaus befand, ein schlichter Gedenkstein mit einer Tafel aufgestellt, deren Inschrift an seine Rolle erinnert. Zu Lebzeiten hat es auch Yorck jedoch nicht an Ehrungen gefehlt. 1814 eingedenk des Schlachtortes, wurde er vom König mit dem Namenszusatz von Wartenburg in den Grafenstand erhoben. Als Dotation erhielt er im Jahr darauf das schlesische Schloss und Gut Klein Öls (poln. *Olèsnica Male)*. Dort fand der Sarg des 1830 Verstorbenen seinen Platz in einem Mausoleum, das später eine Familiengruft wurde.

Zu den Verlusten des Zweiten Weltkriegs gehört auch das einst in Königsberg den Sitzungssaal des Provinziallandtages schmückende Gemälde des Historienmalers Otto Brausewetter *Ansprache des Grafen Yorck vor den ostpreußischen Ständen in Königsberg am 5. Februar 1813.* Es erinnerte an seine Rolle bei der Mobilisierung des Volkswiderstandes gegen die Fortsetzung des Kriegsbündnisses mit dem Franzosenkaiser.

13. Auf Leinwand und an Wänden

Mehrfach war hier schon von Gemälden die Rede, mit denen Künstler, Zeitgenossen, dann Nachkommende, an Ereignisse und Gestalten des Befreiungskrieges erinnerten. In ihren Originalen sind die weit weniger bekannt geworden als Denkmäler und Gedenksteine, die ihren Platz in öffentlichen Räumen haben. Sie befinden oder befanden sich hingegen in Innenräumen wie Sitzungssälen von Parlamenten, in Aulas von Universitäten, in Gebäuden also, die von der Mehrheit der Bürger nie betreten werden. Andere, und sie bilden die Masse der Kunstwerke, zeigen Museen oder bewahren sie in ihren Magazinen. Wie stark auch die Zahl der Menschen angestiegen ist, die derlei Einrichtungen heute besuchen, verglichen mit dem 19. und selbst noch der ersten Hälfte des 20. Jahrhunderts, sie bilden eine Minderheit. Dritte Kunstwerke wieder sind früher oder später in Privathand gelangt.

Und dennoch: eine ungleich größere Zahl als die der Museumsbesucher, unter ihnen Angehörige aller Generationen, besitzt Vorstellungen von jenen Gemälden und Zeichnungen, die Situationen und Personen aus vergangener Zeit abbilden. Und das ist der Fall, seit es ihre gedruckten Reproduktionen gibt, bebilderte Lese- und Geschichtsbücher für den Schulgebrauch, Nachdrucke in Zeitungen, Zeitschriften und Almanachen, schließlich Bildbände in schwarz-weiß oder vielfarbig, dazu eine Unmasse von Postkarten. Letztere freilich nur selten mit Gemälden von künstlerischem Rang, hingegen massenweise mit naiven Verherrlichungen von Helden mit und ohne Anführungszeichen, Schlachten, Gefechten und Gemetzeln.

Zwei Gemälde aus den Zeiten des Befreiungskrieges, das lässt sich schreiben, ohne dass dem eine Zählung hätte vorausgehen können, dürften die Liste der populär gewordenen Bilder anführen. Das eine, 1896 geschaffen von Arthur Kampff (1864-1950), zeigt eine Episode aus dessen Vorgeschichte. Es leiht seinen Titel aus den ersten Worten des auch als Volksweise bezeichneten Gedichts *Mit Mann und Ross und Wagen hat sie der Herr* (in anderer Version: Gott) *geschlagen.* Wer darauf die sich durch Eis und Schnee dahinschleppenden Soldaten der einst Großen Armee Napoleons je gesehen hat, wen es bei ihrem Anblick je fröstelte, der dürfte das Bild schwerlich vergessen, was nicht auch bedeutet, aus dieser Bekanntschaft Gewinn gezogen haben. Wäre das so, würde die Reaktion der Deutschen auf den Überfall der deutschen Wehrmacht auf die UdSSR 1941 anders ausgefallen sein. Es vergingen nur etwa anderthalb Jahre, da sahen die Soldaten der 6. Armee im Kessel von Stalingrad nicht anders aus als jene der Napoleonischen, nur dass sich ihr unausgesetzt vermindernder Rest nicht westwärts schleppte, sondern in Gefangenschaft.

Das andere der populären Gemälde ist das schon beschriebene, das sein Schöpfer Volksopfer (1894) nannte. Es hat im Gegensatz zu anderen die Zeiten überdauert und befindet sich im Leipziger Museum der Bildenden Künste. Bürger, vorwiegend Alte und Frauen, die selbst am Kampf nicht teilnehmen konnten, folgen dem Ruf, ihn finanzieren zu helfen, und bringen Wertgegenstände an einem Sammelort, um sie für eben diesen Zweck zu spenden. Ohne dass seinem Autor das beim Malen in den Sinne kommen konnte, ließ sich das Gemälde im Winter 1941/42 für Reklamezwecke zugunsten einer Aktion benutzen, mit der wärmende Bekleidung von Pelzen bis zu Wollsocken für die frierenden Wehrmachtssoldaten des Ostheeres gesammelt wurde. Kampff, von ihm stammt auch dieses Kunstwerk, dürfte mit diesem Gebrauch jedoch keine Schwierigkeiten gehabt haben. Er hatte sich da schon den deutschen Faschisten angedient, war Mitglied von deren Partei geworden und wurde von diesen hochgeschätzt.

Es gibt wohl kein bedeutendes Ereignis des Befreiungskrieges, das früher oder später nicht von Malerhand dargestellt worden wäre, so dass sich in Bildbänden der Verlauf des Feldzuges im Jahre 1813 ebenso studieren lässt wie in Chroniken. Die Bilderreihe setzt mit Tauroggen ein und endet nicht bei Kaub, sondern findet Fortsetzung in Gemälden, deren Gegenstand die Feldzüge in Frankreich bis zur Schlacht beim belgischen Waterloo (Belle Alliance) am 18. Juni 1815 bilden. Diesen denkwürdigen definitiven Abschluss der antinapoleonischen Kriege hat Adolph Friedrich Erdmann von Menzel mit dem drei mal zwei Meter messenden Kolossalgemälde *Blüchers Begegnung mit Wellington nach der Schlacht* festgehalten, das die Neue Pinakothek München zeigt.

Drei bedeutsame Gemälde haben Geschehnisse aus der Frühphase der Erhebung zum Gegenstand. Im Sitzungssaal des ostpreußischen Provinziallandtages hing das 1888 entstandene, im Zweiten Weltkrieg verloren gegangene Gemälde, das, aus der Werkstatt von Otto Brausewetter (1833-1904) stammend, den General Yorck während dessen Ansprache an die ostpreußischen Stände, eine Versammlung, deren Hauptanteil der grundbesitzende Adel stellte, am 5. Februar 1813 in Königsberg zeigte. Dort hatte er zur Verstärkung der regulären preußischen Truppen wie zur Bildung einer Landwehr aufgerufen. Als das zweite Gemälde, das eine Episode von Rang abbildet, kann das 1891 entstandene, ebenfalls verlorene Gemälde von der Hand Arthur Kampfs gelten, das Universitätsprofessor Henrik Steffens (1773-1845), einen Naturphilosophen, während einer Rede zeigt, die er am 3. Februar 1813 in Breslau vor einer begeisterten Zuhörerschaft, vor allem Studenten, hielt, die auch er zum Kampf ruft, an dem er dann selbst als Freiwilliger bis zur Einnahme von Paris 1814 teilnahm. Von gleicher Hand stammt das Bild Einsegnung der Freiwilligen, gemalt 1891, das an die der Lützower Jäger in der Kirche im schlesischen Rogau erinnert. Die Lützower blieben ein bevorzugtes Sujets der Maler. Die lange Reihe der von ihren Kämpfen und Ritten Berichtenden beginnt mit dem Gemälde eines der ihren, dem aus Güstrow stammenden, als einer der ersten mit dem Eisernen Kreuz ausgezeichneten Georg Friedrich Kersting (1785-1847), dessen bekanntestes Werk bei einer Ruhepause in einem Waldstück Körner, Hartmann und Friesen zeigt, von denen keiner den Krieg überlebte.

Zu den Kunstwerken, die vom Aufbruch erzählen, gehört – drittens – als das wohl bedeutendste das Bild, das der Schweizer Ferdinand Hodler (1853-1918) schuf und *Aufbruch der Jenaer Studenten* benannt ist. Es entstand 1908/09 als Auftragswerk eines Weimar-Jenaer-Kunstvereins, der es der Universität schenkte, die im Jahr ihres 350-jährigen Bestehens ein neues Gebäude bezog und für deren Aula es bestimmt war, dort deren gesamte Stirnfront besetzend. In der oberen Hälfte marschiert eine Gruppe von Infanteristen, Lützower, wie an ihren Uniformen erkennbar, ausgerichtet in Reih und Glied in den Kampf, während in der unteren Kavalleristen sich noch zum Ausritt rüsten. Die Gestalten des Schweizer Malers strahlen Entschlossenheit und eine hellste Begeisterung aus. Dies mag bei Studenten, die Vorlesungs- und Feierstunden mit diesem Vis-à-vis verbrachten, zu verschiedenen Zeiten sehr verschiedene Gedanken und Gefühle bewirkt haben.

Hodler war da, ohne dass an sein Gemälde Hand angelegt worden wäre, in Deutschland schon ein gehasster Mann geworden, hatte er doch 1914 gegen die Schandtat der Beschießung der Kathedrale von Reims protestiert. Zu den Kunstwerken, die ihre Anregung der Frühgeschichte des Befreiungskampfes entnahmen, zählt auch das von Julius Scholtz (1825-1893) 1866 geschaffene Gemälde

Musterung der Freiwilligen in Breslau 1813, das die Sammlung Neue Meister in Dresden besitzt.

Ganze Museumssäle können Bilder füllen, die den »guten Kaiser Franz«, den Österreicher, den Zaren und, wovon schon geschrieben wurde, den preußischen König zeigen und sie als Strategen des Krieges darstellen. Das geschieht auch auf dem 1817 entstandenen Gemälde von Johann Peter Krafft (1780-1856), einem aus dem Elsass stammenden in Wien lebenden Künstlers, es trägt den Titel *Karl Philipp Fürst zu Schwarzenberg meldet den Verbündeten den Sieg in der Schlacht bei Leipzig* und befindet sich im Bestand des Deutschen Historischen Museums in Berlin. Mit Vorliebe, wie hier, auf einem Feldherrnhügeln und hoch zu Ross erscheinen die Monarchen, nicht ihre Generale als Lenker der Schlachten und sie sind es, die auf Gemälden als Sieger in ihre Haupt- und Residenzstädte einziehen. So auch lässt Krafft Franz I. nach dem Friedensschluss von Paris vom 16. Juni 1814 umjubelt nach Wien zurückkehren.

Doch gehören zum Oeuvre von Historienmalern nicht mehr nur Abbildungen der gekrönten Häupter, der Marschälle und Generale, sondern auch die einfacher Soldaten, so bei Krafft auf den beiden 1813 und 1820 entstandenen Gemälden vom Abschied und der Heimkehr eines Landwehrmannes, der noch in sein Wohnzimmer mit finster triumphierendem Blick hineinschreitet. Ganz anders die Stimmung des 1833/34 entstandenen Gemäldes des jüdischen, in Frankfurt am Main arbeitenden Malers Moritz Daniel Oppenheim (1800-1882) mit dem Titel *Heimkehr eines jüdischen Freiwilligen aus dem Befreiungskrieg zu den nach alter Sitte lebenden Seinen*. Warm empfängt ihn seine Familie, deren Willkommen er genießt. Nicht anders auf der Zeichnung Ulrich Ludwig Wolfs (1776-1832), eines Kupferstechers, auf der ein heimkehrender Offizier von seiner Frau, den Eltern, dem Hund und einer offenbar jungen afrikanischen Bediensteten freudig begrüßt wird, einer

Szene, der die Unterschrift gegeben wurde Das Vaterland ist frey! Victoria.

Es sind namentlich die Schlachten während des Frühjahrs- und dann des Herbstfeldzuges 1813, die ihre Maler fanden. Von der Hand des Berliners Ludwig Elsholtz (1805-1850) stammen die Gemälde »Die Völkerschlacht bei Leipzig«, »Die Schlacht bei Dennewitz«, »Der Einzug der Alliierten in Paris«, »Abschied auf dem Schlachtfeld« und »Szene aus der Schlacht bei Bautzen«. Georg Bleibtreu (1828-1892), der schon die Ruhmeshalle des Berliner Zeughauses mit dem Gemälde *Aufruf an mein Volk* ausgestattet hatte, zeichnete für den Vorraum des Magistrats-Sitzungssaales im Berliner Rathaus *Die Berliner auf dem Schlachtfeld von Großbeeren*. Vom gleichen Meister stammen Skizzen zur Schlacht an der Katzbach und das Gemälde *Sturm der ostpreußischen Landwehr unter Führung des Majors Friccius auf das Grimmaische Thor* während der Schlacht um und in Leipzig.

Letzteres ist nur eines der zahlreichen Gemälde, deren Gegenstand die Völkerschlacht hergab. Die Darstellungen reichen vom Aufmarsch der Krieger bis zum Blick auf das trostlose Feld nach dem Ende der Schlacht, den 1813 Wilhelm Straßberger (1796-1866), ein Leipziger Maler, in einem Aquarell festgehalten hat. 1815 hat ein anderer Zeitgenosse, Vladimir I. Moshkow (1792-1839), die Schlacht in Monumentalgemälden geschildert. Später kam eine weitere Darstellung der Schlacht von Peter von Hess (1792-1871) hinzu.

Andere Maler bildeten einzelne Ereignisse ab, wie der aus Glogau in Schlesien stammende durch eine vielbändige Uniformkunde bekannt werdende Richard Knötel (1857-1914), der sich dafür um 1900 den *Tod des Majors von Krosigk in der Schlacht bei Möckern wählte. Die Preußen bei Möckern* heißt ein Gemälde des Historien- und Schlachtenmalers Robert von Haug (1857-1922), der sich ebenfalls vorzugsweise Themen aus den Befreiungskriegen zuwandte. So entstand auch sein Werk *Blüchers Truppen erblicken den Rhein.*

Wie Haug haben sich andere Künstler auf das Thema Befreiungskrieg spezialisiert. Paul Ernst Gebauer (1782-1865), Zeitgenosse des Krieges, malte nicht nur Friedrich Wilhelm III., sondern auch Blücher, Gneisenau und Yorck, von ihm stammt auch das wohl berühmteste Scharnhorst-Porträt. Carl Röchling (1855-1920), ein Schüler Anton von Werners, Themen der Militärgeschichte bevorzugend, porträtierte nach älteren Vorlagen Gneisenau, Boyen, Scharnhorst, Stein und Friedrich Wilhelm III. Er schuf auch die Lithographie, die Mitglieder von Preußens Heeres-Reorganisationskommission bei einer Beratung abbildet, gruppiert um den König. Von Röchling stammen zudem das Gemälde, das das Kolberger Regiment bei der Erstürmung des Friedhofs während der Schlacht bei Großbeeren zeigt und auch das 50 Bilder enthaltende Buch (1896), das die Königin Luise »für Jung und Alt« darstellt. Den größten Bekanntheitsgrad aber hat dieser Maler jedoch durch das Werk erlangt, das zu einer Ikone deutscher Militaristen wurde, das Gemälde *The Germans to the Front.*

Wie die dramatischen ersten Ereignisse des Befreiungskampfes in Tauroggen und Breslau Künstler immer wieder anzogen, so auch der letzte rechtsrheinische Akt dieses Feldzuges, der Übergang von Blüchers Truppen über den Rhein bei Kaub in der Neujahrsnacht 1814. Die Szene wurde wiederholt in Ölgemälden festgehalten. So von Schumann in seinem letzten Werk. Im Zentrum des Bildes der Marschall zu Pferde, den Fortgang der Unternehmung beobachtend und leitend. Das gleiche Ereignis hat auch Wilhelm Camphausen (1818-1885), ein Militär- und Schlachtenmaler, mit dem Pinsel festgehalten. Blücher zu Pferde grüßt die zum Fluss hinunter ziehenden abgesessenen Kavalleristen, die ihre Pferde zur Übersetzstelle führen.

Unter den Gemälden, die Ereignisse aus den Befreiungskriegen abbilden, nimmt Ludwig von Heterichs (1856-1932) Arbeit *Johanna Stegen, die Heldin von Lüneburg* wegen ihres Sujets eine besondere Stellung ein. Die Szene zeigt die junge Frau während einer Schlacht nah der niedersächsischen Stadt, die am 2. April 1813 stattfand, inmitten von Soldaten des 1. Pommerschen Infanterie-Regiments, die sie mit Munition versorgt, die sich in ihrer Schürze aus einem nahen Munitionswagen herbei transportiert hat. Diese Tat soll für den Ausgang des Kampfes eine entscheidende Bedeutung besessen haben. Jedenfalls ist der Mutigen ein vielfaches Gedenken bewahrt worden. Auf dem Berliner Friedhof, wo sich ihr Grab befindet, wurde ihr 1908 ein Stein gesetzt, an dem ein Medaillon mit ihrem Bildnis prangt, gefertigt von dem Bildhauer und Medailleur Albert Moritz Wolf (1854-1923) und am 100. Jahrestag der Schlacht wurde ihr in Lüneburg ein Denkmal errichtet. Zudem sind Straßen nach ihr benannt und ihr auch in Gedichten, u. a. von Friedrich Rückert, und Erzählungen ein Gedenken geworden.

So reichlich wurden die drei anderen Frauen, die verkleidet als Soldaten an Kämpfen teilnahmen, nicht mit Ehrungen und Belohnungen bedacht. Das gilt namentlich für die Bremerin Anna Lühring, die unter dem Namen Eduard Kruse sich den Lützowern im Februar 1814 anschloss, auch an der Belagerung Jülichs teilnahm, nach der auch später Straße und Weg in Bremen und Hamburg benannt wurden, deren Kriegseinsatz aber doch bald in Vergessenheit geriet. An Friederike Krüger, eine Brandenburgerin, hingegen, die unter dem Namen August Lübeck in das Königlich Preußische Infanterie-Regiment (Kolberger) eintrat, an den Schlachten von Großbeeren und Dennewitz teilnahm, bis Paris kam, gar zum Unteroffizier befördert wurde, erinnern der Kupferstich, der sie bei der Verleihung des Eisernen Kreuzes zeigt, und die Namen mehrerer Straßen. Zudem wurde sie eine Romanheldin und gab ihrem Namen einem 1948 gegründeten und noch existierenden Fanfarenzug. Nicht überlebt hat den Krieg Eleonore Prohaska aus Potsdam, die sich als August Renz 1813 dem 1. Jägerbataillon des Lützower Freikorps anschloss, in der Schlacht an der Göhrde am 16. September so schwer verwundet wurde, dass sie am 5. Oktober im nahen Danneberg verstarb, wo sie, inzwischen als Frau entdeckt, mit militärischen Ehren begraben wurde. Gedenktafeln erinnern an ihrer Grabstätte und in Potsdam an der Stelle, da sie als Kind im Militärwaisenhaus lebte, an sie. Das tut auf dem alten Friedhof in Potsdam seit 1888 auch eine der »Heldenjungfrau« gewidmete Säule, auf der ein Adler seine Flügel ausbreitet.

Und früher schon komponierte Ludwig van Beethoven die Musik zu einem Schauspiel, dessen Titel ihr Name gibt. Es wurde vom königlich-preußischen Geheimsekretär Friedrich Duncker 1815 geschrieben, blieb aber nicht erhalten.

15. Befreiung ohne Freiheit

Kriege erhalten in der Politik und danach in der Geschichtsschreibung verschiedene Bezeichnungen. Die einen wurden nach Regionen oder Landschaften benannt, in denen oder um die sie geführt wurden. Andere nach den einander bekämpfenden Staaten. Dritte werden durch ihre Dauer charakterisiert, vierte durch das geographische Territorium, auf dem sie tobten. So gibt es die Schlesischen Kriege, den Deutsch-französischen, den Dreißigjährigen und die Balkankriege.

Vom Krieg des Jahres 1813 wird als einem der Befreiungskriege gesprochen, zu denen auch der in Spanien und weiteren, unter die napoleonische Herrschaft geratenen Ländern gezählt wird. In anderen Publikationen wurde von der »deutschen Erhebung«, der »Zeit der Erhebung« oder auch vom »Befreiungsjahr« geschrieben. Der »glorreiche Befreiungskrieg« lautete eine Kennzeichnung, die Karl Marx und Friedrich Engels in der in den Jahren 1845 bis 1847 geschriebenen Arbeit *Die deutsche Ideologie* auch ohne Anführungszeichen benutzen, dazu wurde er die »glorreichste Periode der deutschen Geschichte« genannt. In Texten anderer wieder wird vom nationalen Befreiungskrieg oder auch vom »deutschen Krieg« geschrieben, was dann einzig den der Deutschen gegen die napoleonische Herrschaft meint. Die Russen bezeichneten den von ihnen 1812 gegen die napoleonischen Eindringlinge geführten Krieg als vaterländischen.

Seltener ist für das Geschehen im Deutschen die Bezeichnung Freiheitskrieg anzutreffen. Sie gebrauchte Heinrich Himmler, als er die Deutschen in der Phase der Agonie des faschistischen Regimes zu weiteren Kriegsanstrengungen antrieb, der Volkssturm (übrigens am 131.

Jahrestag der Völkerschlacht bei Leipzig) gebildet wurde, zu dem sich alle irgend waffenfähigen Männer zu stellen hatten. Was gegen die Floskel vom Freiheitskrieg einzuwenden war, setzte Friedrich Engels Lesern der britischen Zeitung *The Northern Star* 1845 so auseinander: »Wäre der Krieg gegen Napoleon wirklich ein Krieg der Freiheit gegen den Despotismus gewesen, so hätte er zur Folge gehabt, dass alle die Nationen, die Napoleon unterworfen hatte, nach seinem Sturz ihre Prinzipien proklamiert und die Segnungen der Gleichheit genossen haben würden. Das Gegenteil war aber der Fall.«

Befreiung, der Begriff verknüpft sich mit der Frage wovon, Freiheit mit der nach dem für wen, wofür oder wozu. So viele sprachliche Attacken deutsche Autoren in Gedichten und Liedern gegen Franzosen und »Welsche« vortrugen, es hat sich die Benennung des Krieges als antinapoleonisch, nicht als antifranzösisch durchgesetzt. Das ließe sich als ein differenzierendes Geschichtsverständnis wahrnehmen, wäre da nicht die These vom Erbfeind und die meinte nicht den und allein die Sippe des 1815 auf die Atlantik-Insel St. Helena Verbannten.

Was blieb in den Köpfen der Deutschen, der Zeitgenossen und dann der Nachgeborenen aus der Franzosenzeit und deren Ende mit den Siegen von Leipzig bis Waterloo über die nur begriffliche Bestimmung des Krieges hinaus? Ein abwertendes Bild des Nachbarn und ein überhöhtes eigenes.

In ihm, schrieb Friedrich Engels in der schon erwähnten Korrespondenz aus dem Jahre 1845, seien »die Franzosen als die Vertreter des Atheismus, des Unglaubens und der Verworfenheit hingestellt« worden und »die Deutschen als Vertreter der Religion, der Frömmigkeit und der Redlichkeit«. Schon in einem der frühesten Artikel des gerade 20-jährigen Engels hieß es über die Stimmung nach dem Sieg und dem Kriegsende: »Der Franzosenhass wurde Pflicht; der Fluch der Undeutschheit fiel auf jede Anschauungsweise, die sich einen höheren Gesichtspunkt zu erobern wusste.«

Das verlangte und zielte auf die Einordnung des Geschehens in jene durch die französische Revolution von 1789 eröffnete neue Periode der Weltgeschichte. Was immer im Volk an üblen und schlimmen Erinnerungen an die Besatzungszeit Meinungen bildend fortleben mochte, der im Volke existierende Hass beruhte nicht nur auf einem ungesteuerten sozialen Vererbungsgeschehen. Er wurde von denen gepflegt, die mit Napoleon nicht nur einer Fremdherrschaft ein Ende setzen, sondern zugleich die Revolution der Franzosen treffen und die Geschichte auf die Zustände vor dem Epochenjahr zurückwerfen wollten, im eigenen Lande und auch in Frankreich, wie das sinnfällig die Rückkehr der Bourbonen aus dem Exil und die Thronbesteigung Ludwig XVIII. anzeigten. Nicht in den Motiven seiner Heerführer und Organisatoren und nicht in den Antrieben der Hunderttausenden, die ihn als Soldaten austrugen, wohl aber in seinen Resultaten war der Krieg von 1813 zugleich ein konterrevolutionärer Krieg. Anders hätten in seinem Verlauf oder an seinem Ausgang gleichzeitig die inneren Kräfte gestürzt oder doch dauerhaft gefesselt werden müssen, deren Ziel die Restauration war und die von den Nachkriegszeiten ganz andere Vorstellungen besaßen, als selbst die gemäßigten Reformer, die doch keine Republikaner sondern Monarchisten waren, die nach einer Konstitution verlangten. Für eine solche grundlegende Umwälzung aber fehlten in Deutschland alle Voraussetzungen.

Dafür steht beispielhaft auch diese Passage aus einer 1831 geschriebenen Autobiographie von Jacob Grimm: »Die endlich kaum gehoffte rückkehr des alten kurfürsten gegen ende des jahres 1813 war ein unbeschreiblicher Jubel, und für mich war die freude nicht kleiner … wir liefen an dem offenen Wagen durch die straßen hin, die mit blumengewinden behangen waren. in jenen monaten war alles in bewegung.«[1] Und Bruder Wilhelm schildert die gleiche Szene so: »Die Wiedererstellung von Hessen ist von uns mit der reinsten Freude gefeiert worden, und ich habe niemals etwas Bewegenderes und Ergreifenderes gesehen, als den feierlichen Einzug der fürstlichen Familie. Das Volk zog die Wagen nicht mit einem tobenden, für den Augenblick erregten Eifer sondern wie jemand, der ein lang entbehrtes, von Gott wieder gewährtes Gut in die Heimat zurückführt.«[2] Das sind Eindrücke von der Rückkehr Wilhelms I., des Landesherren, am 21. November 1813 in seine Residenzstadt Kassel. Der war 1803 vom Landgrafen zum Kurfürsten erhöht worden, hatte jedoch auf Napoleons 1807 erfolgter Entscheidung über die Grenzen Hessens zum benachbarten Königreich Westfalen von seinem Staat nicht viel behalten. Auch sonst war dieser Wilhelm ohne erwähnenswertes Verdienst, so dass er lediglich als Spitzenkraft der so genannten Mätressenwirtschaft und Praktiker absolutistischer Herrschaft in der Geschichte vermerkt ist. Auch und besonders auf ihn traf zu, was Engels über dessengleiche schrieb, dass der »Sturz Napoleons ... von den Königen und Aristokraten jener Zeit völlig identifiziert (wurde) mit der Niederschlagung der Französischen Revolution oder, wie sie es nannten, der Revolution«. So in ihren Vorsätzen und Plänen und so auch in der Realität.

Dieser Krieg 1813 besitzt mithin einen Doppelcharakter, dessen Kennzeichnung in einem Wort nicht zu fassen ist. Die Deutschen hatten sich von der fremden Herrschaft und deren Lasten befreit, aber, mit welchen »Freiheitsphantastereien« sie auch den militärischen Sieg feiern mochten, die Freiheit doch nicht gewonnen. Ja, sie hatten sich nicht einmal darauf verständigt, welche Freiheit sie denn eigentlich »meinten«. Nur eine Minderheit wollte aus der schleppend gewonnenen gemeinsamen militärischen Frontstellung gegen Napoleon den Impuls zu einem Zusammenschluss deutscher Staaten mitnehmen, deren

Verfasstheit sich von jener der vornapoleonischen Zeit unterschied und in denen Bürgern Rechte der Mitgestaltung an den gesellschaftlichen und politischen Zustände zugestanden wurden. Doch war diese Minderheit auf diese Auseinandersetzung im Innern weder gedanklich noch praktisch hinreichend vorbereitet und, wie sich alsbald erwies, gegen die wieder erstarkten Kräfte der Reaktion und Restauration chancenlos.

Wer auch nur das Verdachts verdächtig war, dass er die alten Regimes reformieren oder begonnene Reformenwerke befestigen wollte, wurde seines Einflusses beraubt oder, wenn für notwendig befunden, mit allen polizeilichen und juristischen Mitteln verfolgt. Und nicht nur jenseits der deutschen Lande in Petersburg und Paris gab es genügend Kräfte, die in einem wie immer zusammen geschlossenen Deutschland einen unwillkommenen Konkurrenten erblickten. Die existierten auch am habsburgischen Hofe in Wien und an der Spitze und in den Apparaten der deutschen Kleinstaaten.

So blieb die Erinnerung an eine »große Zeit«, an eine von nationalen und ungeformten Freiheitsideen beherrschte Massenbewegung, an leidenschaftliche Bekundungen, an eine militärische Formation, wie die der Lützower, in der sich junge Leute aus verschiedenen deutschen Staaten zusammengefunden hatten. Zudem war der deutsche Nationalismus, der aus einem Text wie dem Arndtschen »Was ist des deutschen Vaterland« sprach, – anders als der französische – nicht in inneren Auseinandersetzungen und Kämpfen, sondern in einem Kriege gegen eine äußere Macht gewachsen. Und das bewirkte seinen Geburtsfehler. Dieser Nationalismus besaß eine scharf über die Grenze gerichtete Spitze. Das hätte sich korrigieren lassen, wenn 1848 nach einer gelungenen bürgerlichen Revolution Demokraten und Republikaner den Fortgang der deutschen Geschichte bestimmt haben würden. Doch die Erbschaft des Jahres 1813 verwalteten und gestalteten die restaurativen, halbabsolutistischen, monarchistischen Klassen und Schichten, Kasten und Klüngel, an ihrer Spitze die preußischen. Sie dampften die Erinnerung an das dramatische Jahr auf Schlachten und Gefechte, auf Heldentaten und Heldentode ein, auf den militärischen Triumph, zumal es sie nach weiterem gelüstete. Woran die Herrschenden im Kaiserreich, dann in der Weimarer Republik und vollends in der faschistischen Diktatur nie erinnert sein wollten, war das spontane oder vorgedachte Handeln von »Untertanen« nach eigenem Willen und aus eigenem Entschluss. Und – um es bei diesem Beispiel bewenden zu lassen – natürlich wünschten die geschlagenen Generale Hitlers, die an seiner Seite noch die sinnlosesten Kämpfe befehligt und keinen Soldaten geschont hatten, nicht mit einem Ereignis wie dem von Tauroggen und einer Gestalt wir der Yorcks konfrontieren zu werden.

Anmerkungen

1 Jacob und Wilhelm Grimm, Über das Deutsche. Schriften zur Zeit-, Rechts-, Sprach- und Literaturgeschichte, Leipzig 1986, S. 15-16. (Reclams Universal-Bibliothek Bd. 1108)
2 Ebenda, S. 40-41

Gedichte und Lieder

1. Wenn alle untreu werden (1802): Novalis ....
2. Wenn alle untreu werden (1814):
Max von Schenkendorf (1783-1817) ....
3. Mit Mann und Ross und Wagen:
Ernst Ferdinand August (1795-1870) ....
4. Vaterlandslied (1812): Ernst Moritz Arndt ....
5. Lied. Zur Einsegnung der Lützower in Rogau
am 28. März 1813: Theodor Körner
6. Freiheit, die ich meine (1813):
Max von Schenkendorf ....
7. Das Volk steht auf (1813):
Theodor Körner (1797-1856) ....
8. Königsberg'sche Wehrlieder: Zimmergesellen (1813):
Max von Schenkendorf ....
9. Des Deutschen Vaterland (1813):
Ernst Moritz Arndt (1769-1860) ....
10. Trinklied vor der Schlacht (Theodor Körner) ......
11. Lützows wilde verwegene Jagd (1813):
Theodor Körner ....
12. Auf Scharnhorsts Tod:
Ernst Moritz Arndt ....
13. Schwertlied: Theodor Körner ....
14. Gebet vor der Schlacht: Theodor Köner ....
15. Das Lied vom Dörnberg (18 13):
Ernst Moritz Arndt ....
16. Flamme empor! (1814):
Johann H. Christian Nonne (1785-1853) ....
17. Borussia (1820):
Joseph Friedrich Leopold Duncker ....
18. Preußenlied (1830): Bernhard Thiersch ....

19. Die Wacht am Rhein (1840):
Max Schneckenburger (1819-1849) . . . .
20. Sie sollen ihn nicht haben (1840):
Nikolaus Becker (1809-1845)
21. Der Tambourmajor (Neue Gedichte, 1844):
Heinrich Heine (1797-1856) . . . .
22. Zur Einweihung der Befreiungshalle bei Kelheim 1863:
König Ludwig I. von Bayern 1786-1868) . . . .
23. Der sterbende Sänger:
Peter Hacks (1928-2003) . . . .

Wenn alle untreu werden

Novalis (1772-1801), d. i. Georg Philipp Friedrich Freiherr von Hardenberg, gedruckt 1802

Wenn alle untreu werden,
So bleib' ich dir doch treu;
Daß Dankbarkeit auf Erden
Nicht ausgestorben sei.
Für mich umfing dich Leiden,
Vergingst für mich in Schmerz;
Drum geb' ich dir mit Freuden
Auf ewig dieses Herz.

Oft muß ich bitter weinen,
daß du gestorben bist,
Und mancher von den Deinen
Dich lebenslang vergißt.
Von Liebe nur durchdrungen
Hast du so viel getan,
Und doch bist du verklungen,
Und keiner denkt daran.

Du stehst voll treuer Liebe
Noch immer jedem bei;
Und wenn dir keiner bliebe,
So bleibst du dennoch treu;
Die treuste Liebe sieget,
Am Ende fühlt man sie,
Weint bitterlich und schmieget
Sich kindlich an dein Knie.

Ich habe dich empfunden,
O! lasse nicht von mir;
Laß innig mich verbunden
Auf ewig sein mit dir.
Einst schauen meine Brüder
Auch wieder himmelwärts,
Und sinken liebend nieder,
Und fallen dir ans Herz.

Wenn alle untreu werden, 1814

Max von Schenkendorf (1783-1817)

Wenn alle untreu werden,
So bleiben wir doch treu;
Daß immer noch auf Erden
Für euch ein Fähnlein sei.
Gefährten unsrer Jugend,
ihr Bilder bess'rer Zeit,
Die uns zu Männertugend
und Liebestod geweiht.

Wollt nimmer von uns weichen,
uns immer nahe sein,
treu wie die deutschen Eichen,
wie Mond und Sonnenschein.
Einst wird es wieder helle,
in aller Brüder Sinn,
sie kehren zu der Quelle
in Lieb und Freude hin.

Es haben wohl gerungen
die Helden dieser Frist,
Und nun der Sieg gelungen,
übt Satan neue List.
Doch wie sich auch gestalten
im Leben mag die Zeit,
Du sollst uns nicht veralten,
o Traum der Herrlichkeit.

Ihr Sterne seid uns Zeugen,
die ruhig nieder schau'n,
wenn alle Brüder schweigen
und falschen Götzen trau'n.
Wir woll'n das Wort nicht brechen
nicht Buben werden gleich,
woll'n predigen und sprechen
vom heil'gen Deutschen Reich.

Mit Mann und Ross und Wagen

Ernst Ferdinand August (1795-1870)

Es irrt durch Schnee und Wald umher
Das große, mächt'ge Franzosenheer.
Der Kaiser auf der Flucht
Soldaten ohne Zucht
Mit Mann und Ross und Wagen
So hat sie Gott geschlagen

Jäger ohne Gewehr
Kaiser ohne Heer
Heer ohne Kaiser
Wildnis ohne Weiser
Mit Mann und Ross und Wagen
So hat sie Gott geschlagen
Trommler ohne Trommelstock
Kürassier im Weiberrock
Ritter ohne Schwert
Reiter ohne Pferd
Mit Mann und Ross und Wagen
So hat sie Gott geschlagen

Fähnrich' ohne Fahn'
Flinten ohne Hahn
Büchsen ohne Schuss
Fußvolk ohne Fuß
Mit Mann und Ross und Wagen
So hat sie Gott geschlagen

Feldherrn ohne Witz
Stückleut' ohne Geschütz
Flüchter ohne Schuh'
Nirgend Rast und Ruh'
Mit Mann und Ross und Wagen
So hat sie Gott geschlagen

Speiser ohne Brot
Aller Orten Not
Wagen ohne Rad
Alles müd und matt
Frauen ohne Wagen
So hat sie Gott geschlagen

Vaterlandslied (1812)
(Der Gott, der Eisen wachsen ließ)

Ernst Moritz Arndt (1769-1860)

Der Gott, der Eisen wachsen ließ,
der wollte keine Knechte,
drum gab er Säbel, Schwert und Spieß
dem Mann in seine Rechte;
drum gab er ihm den kühnen Mut,
den Zorn der freien Rede,
dass er bestände bis aufs Blut,
bis in den Tod die Fehde.

So wollen wir, was Gott gewollt,
mit rechter Treue halten
und nimmer im Tyrannensold
die Menschenschädel spalten.
Doch wer für Tand und Schande ficht,
den hauen wir zu Scherben,
der soll im deutschen Lande nicht
mit deutschen Männern erben.

O Deutschland, heil'ges Vaterland!
O deutsche Lieb' und Treue!
Du hohes Land, du schönes Land!
Dir schwören wir aufs neue:
Dem Buben und dem Knecht die Acht!
Der fütt're Krähn und Raben.
So ziehn wir aus zur Herrmansschlacht
und wollen Rache haben.

Lasst brausen, was nur brausen kann,
in hellen, lichten Flammen!
Ihr Deutschen alle, Mann für Mann
fürs Vaterland zusammen!
Und hebt die Herzen himmelan
und himmelan die Hände,
und rufet alle, Mann für Mann:
Die Knechtschaft hat ein Ende!

Lasst klingen, was nur klingen kann,
Trompeten, Trommeln, Flöten!
Wir wollen heute Mann für Mann
mit Blut das Eisen röten,
mit Henker- und mit Knechteblut,
o süßer Tag der Rache!
Das klinget allen Deutschen gut,
das ist die große Sache.

Lasst wehen nur, was wehen kann,
Standarten wehn und Fahnen!
Wir wollen heut uns Mann für Mann
zum Heldentode mahnen:
Auf, fliege, stolzes Siegspanier,
voran dem kühnen Reihen!
Wir siegen oder sterben hier
den süßen Tod der Freien.

Lied zur Einsegnung der Lützower in Rogau am 28. März 1813

Theodor Körner (1791-1813)

Wir treten hier in Gottes Haus
Mit frommem Muth zusammen.
Uns ruft die Pflicht zum Kampf hinaus,
Und alle Herzen flammen.
Denn was uns mahnt zu Sieg und Schlacht,
Hat Gott ja selber angefacht.
Dem Herrn allein die Ehre!

Der Herr ist unsre Zuversicht,
Wie schwer der Kampf auch werde;
Wir streiten ja für Recht und Pflicht,
Und für die heilige Erde.
Drum, retten wir das Vaterland,
So that's der Herr durch unsre Hand.
Dem Herrn allein die Ehre!

Es bricht der freche Uebermuth
Der Tyrannei zusammen;
Es soll der Freiheit heil'ge Gluth
In allen Herzen flammen.
D'rum frisch in Kampfes Ungestüm!
Gott ist mit uns, und wir mit ihm!
Dem Herrn allein die Ehre!

Er weckt uns jetzt mit Siegeslust
Für die gerechte Sache;
Er rief es selbst in unsre Brust:
Auf, deutsches Volk, erwache!
Und führt uns, wär's auch durch den Tod,
Zu seiner Freiheit Morgenroth.
Dem Herrn allein die Ehre!

Freiheit, die ich meine (1813)

Max von Schenkendorf (1783-1817)

Freiheit, die ich meine,
Die mein Herz erfüllt,
Komm mit deinem Scheine,
Süßes Engelsbild!
Magst du nie dich zeigen
Der bedrängten Welt?
Führest deinen Reigen
Nur am Sternenzelt?

Auch bei grünen Bäumen
In dem lust'gen Wald,
Unter Blütenträumen
Ist dein Aufenthalt.
Ach, das ist ein Leben,
Wenn es weht und klingt,
Wenn dein stilles Weben
Wonnig uns durchdringt.

Wenn die Blätter rauschen,
Süßen Freundesgruß,
Wenn wir Blicke tauschen,
Liebeswort und Kuß.
Aber nimmer weiter
Nimmt das Herz den Lauf.
Auf der Himmelsleiter
Steigt die Sehnsucht auf.

Wo sich Gottes Flamme
In ein Herz gesenkt,
Das am alten Stamme
Treu und liebend hängt,
Wo sich Männer finden,
Die für Ehr und Recht
Mutig sich verbinden,
Weilt ein frei Geschlecht.

Wolltest auf uns lenken
Gottes Lieb' und Lust,
Wolltest gern dich senken
In die deutsche Brust.
Freiheit, holdes Wesen,
Gläubig kühn und zart,
Hast ja lang erlesen,
Dir die deutsche Art.

Männer und Buben (Das Volk steht auf 1813)

Theodor Körner

Das Volk steht auf, der Sturm bricht los.
Wer legt noch die Hände feig in den Schoß
Pfui über dich Buben hinter dem Ofen
Unter den Schranzen und unter den Zofen
Bist doch ein ehrlos erbärmlicher Wicht
Ein deutsches Mädchen küßt dich nicht
Ein deutsches Lied erfreut dich nicht
Und deutscher Wein erquickt dich nicht
Stoßt mit an
Mann für Mann,
Wer den Flamberg schwingen kann*

Wenn wir die Schauer der Regennacht
Unter Sturmespfeifen wachend vollbracht
Kannst du freilich auf üppigen Pfühlen
Wollüstig träumend die Glieder fühlen
Bist doch ein ehrlos erbärmlicher Wicht
Ein deutsches Mädchen küßt dich nicht
Ein deutsches Lied erfreut dich nicht
Und deutscher Wein erquickt dich nicht
Stoßt mit an
Mann für Mann,
Wer den Flamberg schwingen kann

Wenn uns der Trompeten rauher Klang
Wie Donner Gottes zum Herzen drang
Magst du im Theater die Nase wetzen
Und dich an Trillern und Läufen ergötzen
Bist doch ein ehrlos erbärmlicher Wicht
Ein deutsches Mädchen küßt dich nicht
Ein deutsches Lied erfreut dich nicht

Und deutscher Wein erquickt dich nicht
Stoßt mit an
Mann für Mann,
Wer den Flamberg schwingen kann

Wenn die Glut des Tags versengend drückt
Und uns kaum ein Tropfen Wasser erquickt
Kannst du Champagner springen lassen
Kannst du bei brechenden Tafeln prassen
Bist doch ein ehrlos erbärmlicher Wicht
Ein deutsches Mädchen küßt dich nicht
Ein deutsches Lied erfreut dich nicht
Und deutscher Wein erquickt dich nicht
Stoßt mit an
Mann für Mann,
Wer den Flamberg schwingen kann

Wenn wir vorm Drange der würgenden Schlacht
Zum Abschied ans ferne Liebchen gedacht
Magst du zu deinen Mätressen laufen
Und dir mit Golde die Lust erkaufen
Bist doch ein ehrlos erbärmlicher Wicht
Ein deutsches Mädchen küßt dich nicht
Ein deutsches Lied erfreut dich nicht
Und deutscher Wein erquickt dich nicht
Stoßt mit an
Mann für Mann,
Wer den Flamberg schwingen kann

Wenn die Kugel pfeift, wenn die Lanze saust
Wenn der Tod uns in tausend Gestalten umbraust
Kannst du am Spieltisch dein Septleva brechen
Und mit der Spadille die Könige stechen
Bist doch ein ehrlos erbärmlicher Wicht
Ein deutsches Mädchen küßt dich nicht
Ein deutsches Lied erfreut dich nicht

Und deutscher Wein erquickt dich nicht
Stoßt mit an
Mann für Mann,
Wer den Flamberg schwingen kann

Und schlägt unser Stündlein im Schlachtenrot
Willkommen dann, sel'ger Soldatentod
Du verkriechst dich in seidene Decken
Winselnd vor der Vernichtung Schrecken
Bist doch ein ehrlos erbärmlicher Wicht
Ein deutsches Mädchen küßt dich nicht
Ein deutsches Lied erfreut dich nicht
Und deutscher Wein erquickt dich nicht
Stoßt mit an
Mann für Mann,
Wer den Flamberg schwingen kann

* Bezeichnung für eine wohl schweizerische Version des beidhändig zu führenden Schwertes oder Zweihänders. Der Name Flamberg ode Flammenschwert verweist auf die gewellte (flammenähnliche) Klinge des Schwertes

Königsberg'sche Wehrlieder: Zimmergesellen (1813)

Max von Schenkendorf

Zimmergesell, Zimmergesell,
Wirf es hin, das braune Fell,
Richtscheid hin und Winkelmaß,
Weil der Feind das Recht vergaß.
Nimm die Waffen schnell
Starker Zimmergesell.

Aber die Axt, aber das Beil
Wirf sie nimmer fort in Eil',
Deines starken Armes Macht
Braucht sie wol in offner Schlacht,
Wie den leichten Pfeil,
Starker, schwingst du dein Beil.

Und zum Maße den schlanken Stab
Brich im nächsten Eichwald ab;
Weil der Feind das Maß vergaß,
Halte du am rechten Maß;
Nach dem rhein'schen Schuh
Miß die Zahlung ihm zu.

Gottes schönster Bau, er zerfällt,
Und in Fesseln klagt die Welt,
Ist auch wer, der Säumniß kennt,
Wenn es in den Sparren brennt?
Frisch ins Waffenfeld
Starker Bürger und Held.

Unsern Hauptmann wählen wir nun
Zu dem freien kühnen Thun,
Stimmet, wer im Felde führ' –
Du, o staatlicher Polir!
Kluger Zimmermann
Zeuch dem Haufen voran.

In den Wäldern, zu dem Verhau
Und zum leichten Brückenbau
Schickt sich wol der Zimmermann;
Aber wohler wird's ihm dann,
Wenn es blitzt und kracht
In der freudigen Schlacht.

In dem Teutoburger Wald
Stehn die Bäume stark und alt,
Gäben wol ein schönes Haus;
Doch uns überläuft ein Graus –
Der von Hermann spricht,
Baum, wir fällen dich nicht.

Steh' noch lange, grünes Gezelt,
Freiheitszeichen aller Welt.
Deutschland heißet unser Haus,
Von dem Giebel weht ein Strauß,
Wenn der Bau gelang,
Tapfern Preußen zum Dank.

Des Deutschen Vaterland 1813

Ernst Moritz Arndt (1769-1860):

Was ist des Deutschen Vaterland?
Ist's Preußenland, ist's Schwabenland?
Ist's, wo am Rhein die Rebe blüht?
Ist's, wo am Belt die Möwe zieht?
O nein! nein! nein!
Sein Vaterland muß größer sein.

Was ist des Deutschen Vaterland?
Ist's Bayerland, ist's Steierland?
Ist's, wo des Marsen Rind sich streckt?
Ist's, wo der Märker Eisen reckt?
O nein! nein! nein!
Sein Vaterland muß größer sein.

Was ist des Deutschen Vaterland?
Ist's Pommerland, Westfalenland?
Ist's, wo der Sand der Dünen weht?
Ist's, wo die Donau brausend geht?
O nein! nein! nein!
Sein Vaterland muß größer sein.

Was ist des Deutschen Vaterland?
So nenne mir das große Land!
Ist's Land der Schweizer? Ist's Tirol?
Das Land und Volk gefiel mir wohl:
Doch nein! nein! nein!
Sein Vaterland muß größer sein.

Was ist des Deutschen Vaterland?
So nenne mir das große Land!
Gewiß es ist das Österreich,
An Ehren und an Siegen reich?
O nein! nein! nein!
Sein Vaterland muß größer sein.

Was ist des Deutschen Vaterland?
So nenne mir das große Land!
So weit die deutsche Zunge klingt
Und Gott im Himmel Lieder singt,
Das soll es sein!
Das, wackrer Deutscher, nenne dein!

Das ist des Deutschen Vaterland,
Wo Eide schwört der Druck der Hand,
Wo Treue hell vom Auge blitzt
Und Liebe warm im Herzen sitzt –
Das soll es sein!
Das, wackrer Deutscher, nenne dein!

Das ist des Deutschen Vaterland,
Wo Zorn vertilgt den welschen Tand,
Wo jeder Franzmann heißet Feind,
Wo jeder Deutsche heißet Freund –
Das soll es sein!
Das ganze Deutschland soll es sein!

Das ganze Deutschland soll es sein!
O Gott vom Himmel sieh darein
Und gib uns rechten deutschen Mut,
Daß wir es lieben treu und gut.
Das soll es sein!
Das ganze Deutschland soll es sein!

Theodor Körner:
Trinklied vor der Schlacht

Schlacht, du brichst an!
Grüßt sie in freudigem Kreise,
Laut nach germanischer Weise,
Brüder, heran!

Noch perlt der Wein;
Eh' die Posaunen erdröhnen,
Laßt uns das Leben versöhnen.
Brüder, schenkt ein!

Gott Vater hört,
Was an des Grabes Thoren
Vaterlands Söhne geschworen.
Brüder, ihr schwört!

Vaterlands Hort
Woll'n wir's aus glühenden Ketten,
Todt oder siegend erretten. —
Handschlag und Wort!

Hört ihr sie nahn?
Liebe und Freuden und Leiden!
Tod! du kannst uns nicht scheiden.
Brüder, stoßt an!

Schlacht ruft! Hinaus!
Horch, die Trompeten werben.
Vorwärts, auf Leben und Sterben!
Brüder, trinkt aus.

Lützows wilde verwegene Jagd (1813)

Theodor Körner

Was glänzt dort vom Walde im Sonnenschein?
Hör's näher und näher brausen.
Es zieht sich herunter in düsteren Reihn,
Und gellende Hörner schallen darein,
Erfüllen die Seele mir Grausen.
Und wenn ihr die schwarzen Gesellen fragt:
Das ist,
|Das ist Lützows wilde, verwegene Jagd. :|

Was zieht dort rasch durch den finstern Wald
Und streift von Bergen zu Bergen?
Es legt sich in nächtlichen Hinterhalt,
Das Hurra jauchzt, und die Büchse knallt,
Es fallen die fränkischen Schergen.
Und wenn ihr die schwarzen Jäger fragt:
Das ist,
|Das ist Lützows wilde, verwegene Jagd. :|

Wo die Reben dort glühen dort braust der Rhein,
Der Wütrich geborgen sich meinte;
Da naht es schnell mit Gewitterschein
Und wirft sich mit rüstigen Armen hinein
Und springt an das Ufer der Feinde.
Und wenn ihr die schwarzen Schwimmer fragt:
Das ist,
Das ist Lützows wilde, verwegene Jagd! :|

Was braust dort im Tale die laute Schlacht,
Was schlagen die Schwerter zusammen?
Wildherzige Reiter schlagen die Schlacht,
Und der Funke der Freiheit ist glühend erwacht

Und lodert in blutigen Flammen.
Und wenn ihr die schwarzen Reiter fragt:
Das ist,
|Das ist Lützows wilde, verwegene Jagd! :|

Was scheidet dort röchelnd vom Sonnenlicht,
Unter winselnden Feinde Gebettet?
Es zucket der Tod auf dem Angesicht,
Doch die wackern Herzen erzittern nicht,
Das Vaterland ist ja gerettet!
Und wenn ihr die schwarzen Gefallnen fragt:
Das war,
Das war Lützows wilde, verwegene Jagd. :|

Die wilde Jagd und die deutsche Jagd
Auf Henkersblut und Tyrannen!
Drum, die ihr uns liebt, nicht geweint und geklagt!
Das Land ist ja frei, und der Morgen tagt,
Wenn wir's auch nur sterbend gewannen.
Und von Enkeln zu Enkeln sei's nachgesagt:
Das war,
|Das war Lützows wilde, verwegene Jagd. :|

Auf Scharnhorsts Tod

Ernst Moritz Arndt

In dem wilden Kriegestanze
brach die schönste Heldenlanze
Preußen, euer General
Lustig auf dem Feld bei Lützen
sah er Freiheitswaffen blitzen
doch ihn traf der Todesstrahl
»Kugel, raffst mich doch nicht nieder!
Dien euch blutend, werte Brüder
führt in Eile mich gen Prag
Will mit Blut um Östreich werben
ist's beschlossen, will ich sterben
wo Schwerin im Blute lag.«
Arge Stadt, wo Helden kranken
Heilge von den Brücken sanken
reißest alle Blüten ab
nennen dich mit leisen Schauern
heilge Stadt, nach deinen Mauern
zieht uns manches teure Grab
Aus dem irdischen Getümmel
haben Engel in den Himmel
seine Seele sanft geführt
zu dem alten deutschen Rate
den in ritterlichem Staate
ewig Kaiser Karl regiert
„Grüß euch Gott, ihr teuren Helden!
kann euch frohe Zeitung melden
unser Volk ist aufgewacht
Deutschland hat sein Recht gefunden
schaut, ich trage Sühnungswunden
aus der heilgen Opferschlacht.«

Solches hat er dort verkündet
und wir alle stehn verbündet
daß dies Wort nicht Lüge sei
Heer, aus seinem Geist geboren
Kämpfer, die sein Mut erkoren
wählet ihn zum Feldgeschrei
Zu den höchsten Bergesforsten
wo die freien Adler horsten
hat sich früh sein Blick gewandt
nur dem Höchsten galt sein Streben
nur in Freiheit konnt er leben
Scharnhorst ist er drum genannt
Keiner war wohl treuer, reiner
näher stand dem König keiner
doch dem Volke schlug sein Herz
Ewig auf den Lippen schweben
wird er, wird im Volke leben
besser als in Stein und Erz

Schwertlied

Theodor Körner

Du Schwert an meiner Linken,
Was soll dein heit'res Blinken?
Schaust mich so freundlich an,
Hab' meine Freude dran.
Hurra!

»Mich trägt ein wack'rer Reiter,
Drum blink' ich auch so heiter,
Bin freien Mannes Wehr;
Das freut dem Schwerte sehr.«
Hurra!

Ja, gutes Schwert, frei bin ich
Und liebe dich herzinnig,
Als wärst du mir getraut
Als eine liebe Braut!
Hurra!

[113] »Dir hab' ich's ja ergeben,
Mein lichtes Eisenleben –
Ach, wären wir getraut!
Wann holst du deine Braut?«
Hurra!

Zur Brautnachts-Morgenröte
Ruft festlich die Trompete;
Wenn die Kanonen schrei'n,
Hol' ich das Liebchen ein.
Hurra!

»O seliges Umfangen!
Ich harre mit Verlangen.
Du Bräut'gam, hole mich!
Mein Kränzchen bleibt für dich.«
Hurra!

Was klirrst du in der Scheide,
Du helle Eisenfreude,
So wild, so schlachtenfroh?
Mein Schwert, was klirrst du so?
Hurra!

»Wohl klirr' ich in der Scheide,
Ich sehne mich zum Streite,
Recht wild und schlachtenfroh.
Drum, Reiter, klirr' ich so.«
Hurra!

Bleib' doch im engen Stübchen!
Was willst du hier, mein Liebchen?
Bleib' still im Kämmerlein,
Bleib', bald hol' ich dich ein!
Hurra!

»Laß mich nicht lange warten!
O schöner Liebesgarten,
Voll Röslein blutigrot
Und aufgeblühtem Tod.«
Hurra!

[114] So komm denn aus der Scheide,
Du Reiters Augenweide,
Heraus, mein Schwert, heraus!
Führ' dich ins Vaterhaus.
Hurra!

»Ach, herrlich ist's im Freien,
Im rüst'gen Hochzeitreihen.
Wie glänzt im Sonnenstrahl
So bräutlich hell der Stahl!«
Hurra!

Wohlauf, ihr kecken Streiter,
Wohlauf, ihr deutschen Reiter!
Wird euch das Herz nicht warm?
Nehmt's Liebchen in den Arm!
Hurra!

Erst that es an der Linken
Nur ganz verstohlen blinken;
Doch an die Rechte traut
Gott sichtbarlich die Braut.
Hurra!

Drum drückt den liebeheißen
Bräutlichen Mund von Eisen
An eure Lippen fest!
Fluch, wer die Braut verläßt!
Hurra!

Nun laßt das Liebchen singen,
Daß helle Funken springen!
Der Hochzeitsmorgen graut.
Hurra, du Eisenbraut!
Hurra!

Gebet vor der Schlacht

Theodor Körner

Vater, ich rufe dich!
Brüllend umwölkt mich der Dampf der Geschütze,
Sprühend umzucken mich rasselnde Blitze.
Lenker der Schlachten, ich rufe dich!
Vater, du führe mich!

Vater, du führe mich!
Führ' mich zum Siege, führ' mich zum Tode:
Herr, ich erkenne deine Gebote!
Herr, wie du willst, so führe mich.
Gott, ich erkenne dich!

Gott, ich erkenne, dich!
So im herbstlichen Rauschen der Blätter
Als im Schlachtendonnerwetter,
Urquell der Gnade, erkenn' ich dich.
Vater, du segne mich!

Vater, du segne mich!
In deine Hand befehl' ich mein Leben,
Du kannst es nehmen, du hast es gegeben.
Zum Leben, zum Sterben segne mich;
Vater, ich preise dich!
Vater, ich preise dich!
's ist ja kein Kampf um die Güter der Erde;
Das Heiligste schützen wir mit dem Schwerte:
Drum fallend und siegend, preis' ich dich;
Gott, dir ergeb' ich mich!

Gott, dir ergeb' ich mich!
Wenn mich die Donner des Todes begrüßen,
Wenn meine Adern geöffnet fließen;
Dir, mein Gott, dir ergeb' ich mich!
Vater, ich rufe dich!

Das Lied vom Dörnberg (18 13)

Ernst Moritz Arndt

Es war ein Freiherr fromm und gut
Vom Kattenland und Kattenblut –
O tapfres Land der Hessen!
Der haßte tief den welschen Tand,
Der konnte Ehr' und Vaterland
Und Freiheit nicht vergessen.

Es hatt' auf den Landgrafenthron
Den Bruder sein Napoleon
Im Kaiserstolz gesetztet;
Der Bruder hieß Hieronymus,
Ein Weichling, der im Diebsgenuß
Der Wollust sich ergetzet.

Das deucht dem edlen Dörnberg schlimm,
Er rüstet sich im Heldengrimm,
Den Buben will er schlagen,
Die Welschen will der Ritter wert
Mit Spieß und Stange, Kolb' und Schwert
Weit übern Rhein verjagen.

Schon hat er klug sein Netz gespannt,
Schon hält er's Schwert in tapfrer Hand,
Schon warten seine Treuen,
Sie brennen all' von deutschem Mut,
Sie dürsten all' Franzosenblut
Mit Durst der edlen Leuen.

Das deuchte einem Schelm nicht recht,
Ein Ritter, doch von Sinn ein Knecht,
An Ehren mißgeboren,
Der sagt's dem König alles aus,
Der rüstet sich und schirmt sein Haus
Mit Wehr an Türmen und Thoren.

Da muß der edle Dörnberg fliehn,
Verräter spähen hinter ihn,
Sein Leben zu erlauschen;
Er auf der Flucht muß ab und an
Mit manchem fremden Wandersmann
Wohl Kleid und Kappe tauschen.

Bis er den wackern Braunschweig find't,
Der Welfen echtgebornes Kind,
Den treuen deutschen Degen;
Da muß noch mancher welsche Hund
Sich blutig auf den grünen Grund
Durch seinen Säbel legen.

Sie hauen sich wie Männer durch,
Dann segeln sie zur Freiheitsburg,
Altengelland mit Namen;
Da ruhen sie vom harten Strauß
Die müden, wunden Glieder aus.
Gott sprach zur Kühnheit Amen.

Nun, Deutsche, hört die neue Mär!
Der Dörnberg ziehet wieder her,
Er führet tapfre Reiter,
Er reitet ein geschwindes Pferd,
Er schwinget ein geschliffnes Schwert,
Und Gott ist sein Begleiter

Flamme empor! (1814)

Johann H. Christian Nonne (1785-1853)*:

Flamme empor!
Steige mit loderndem Scheine
Von den Gebirgen am Rheine
glühend empor.
Siehe, wir stehn
Treu im geweiheten Kreise,
Dich zu des Vaterlands Preise
Brennen zu sehn!

Leuchtender Schein!
Siehe, wir singenden Paare
Schwören am Flammenaltare
Deutsche zu sein! :|
Höre das Wort! :|
Vater auf Leben und Sterben,
Hilf uns die Freiheit erwerben!
Sei unser Hort!

* Nonne war ein evangelischer Pfarrer, u. a. im Rheinland

Borussia (1820)

Joseph Friedrich Leopold Duncker

Wo ist das Volk, das kühn von That
Der Tyrannei den Kopf zertrat?
Groß, unbezwungen steht es da:
Es ist dein Volk, Borussia!

Wie heißt das Land, wo recht Gericht
Den Stab dem mächt'gen Frevler bricht?
Wo Schutz dem guten Bürger nah?
Das Land, es heißt Borussia!

Da grünt des Lorbeers frisches Reis,
Des tapfern Kriegers hoher Preis;
Nicht mehr verlässt Victoria
Ihr Heldenland Borussia!

Bescheidnen Sinnes steht ein Mann
Mit Gott im Bunde glaubend an.
Das Werk, das dir durch ihn geschah,
Dein König ist's, Borussia!

Drum Segen ihm, der groß und recht
Das Haupt vom kräftigen Geschlecht:
Gott bleibt mit seiner Hülfe nah
Dem König und Borussia!

Preußenlied (1830)

Bernhard Thiersch (1793-1855)*:

Ich bin ein Preuße, kennt ihr meine Farben?
Die Fahne schwebt mir weiß und schwarz voran;
daß für die Freiheit meine Väter starben,
das deuten, merkt es, meine Farben an.
Nie werd ich bang verzagen,
wie jene will ich's wagen
Sei's trüber Tag, sei's heitrer Sonnenschein,
Ich bin ein Preuße, will ein Preuße sein.

Mit Lieb' und Treue nah' ich mich dem Throne,
Von welchem mild zu mir ein Vater spricht;
Und wie der Vater treu mit seinem Sohne,
So steh' ich treu mit ihm und wanke nicht.
Fest sind der Liebe Bande;
Heil meinem Vaterlande!
Des Königs Ruf dring in das Herz mir ein:
Ich bin ein Preuße, will ein Preuße sein!

Nicht jeder Tag kann glühn im Sonnenlichte;
Ein Wölkchen und ein Schauer kommt zur Zeit;
Drum lese keiner mir es im Gesichte,
Dass nicht der Wünsche jeder mir gedeiht.
Wohl tauschten nah und ferne
Mit mir gar viele gerne;
|hr Glück ist Trug und ihre Freiheit Schein:
Ich bin ein Preuße, will ein Preuße sein!

Und wenn der böse Sturm mich wild umsauset,
Die Nacht entbrennet in des Blitzes Glut;
Hat's doch schon ärger in der Welt gebrauset,
Und was nicht bebte, war der Preußen Mut.

Mag Fels und Eiche splittern,
Ich werde nicht erzittern;
Es stürm' und krach', es blitze wild darein!
Ich bin ein Preuße, will ein Preuße sein!

Wo Lieb' und Treu' sich so den König weihen,
Wo Fürst und Volk sich reichen so die Hand,
Da muss des Volkes wahres Glück gedeihen,
Da blüht und wächst das schöne Vaterland.
So schwören wir auf's Neue
Dem König Lieb' und Treue!
Fest sei der Bund! Ja schlaget mutig ein!
Wir sind ja Preußen, lasst uns Preußen sein.

Und wir, die wir am Ost- und Nordseestrande,
Als Wacht gestellt, gestählt von Wog' und Wind,
Wir, die seit Düppel durch des Blutes Bande
An Preußens Thron und Volk gekettet sind,
Wir woll'n nicht rückwärts schauen,
Nein, vorwärts mit Vertrauen!
Wir rufen laut in alle Welt hinein:
Auch wir sind Preußen, wollen Preußen sein!

Des Preußen Stern soll weithin hell erglänzen,
Des Preußen Adler schweben wolkenan,
Des Preußen Fahne frischer Lorbeer kränzen,
Des Preußen Schwert zum Siege brechen Bahn.
Und hoch auf Preußens Throne
Im Glanz von Friedrichs Krone
Beherrsche uns ein König stark und mild,
Und jedes Preußen Brust sei ihm ein Schild!

(7. Strophe ergänzt 1851 durch Th. Schneider)

* Thiersch war ein preußischer Lehrer, geboren in Kirchscheidungen (heute ein Teil der Stadt Laucha an der Unstrut)

Die Wacht am Rhein (1840)

Max Schneckenburger (1819-1849)*:

Es braust ein Ruf wie Donnerhall
wie Schwertgeklirr und Wogenprall.
Zum Rhein, zum Rhein, zum deutschen Rhein!
Wer will des Stromes Hüter sein?
Lieb Vaterland, magst ruhig sein
Fest steht und treu die Wacht, die Wacht am Rhein!

Durch Hunderttausend zuckt es schnell
und aller Augen blitzen hell:
der Deutsche bieder, fromm und stark
beschirmt die heil'ge Landesmark.
Lieb Vaterland, magst ruhig sein
Fest steht und treu die Wacht, die Wacht am Rhein!

Er blickt hinauf in Himmelsau'n
wo Heidenväter niederschau'n
und schwört mit stolzer Kampfeslust:
»Du Rhein bleibst deutsch wie meine Brust!«
Lieb Vaterland, magst ruhig sein
Fest steht und treu die Wacht, die Wacht am Rhein!

»Und ob mein Herz im Tode bricht
wirst du doch drum ein Welscher nicht.
Reich wie an Wasser deine Flut
ist Deutschland ja an Heldenblut!«
Lieb Vaterland, magst ruhig sein
Fest steht und treu die Wacht, die Wacht am Rhein!

»Solang ein Tropfen Blut noch glüht
noch eine Faust den Degen zieht,
und noch ein Arm die Büchse spannt
betritt kein Welscher deinen Strand.«
Lieb Vaterland, magst ruhig sein
Fest steht und treu die Wacht, die Wacht am Rhein!

Der Schwur erschallt, die Woge rinnt
die Fahnen flattern noch im Wind.
am Rhein, am Rhein, am deutschen Rhein!
Wir wollen alle Hüter sein!
Lieb Vaterland, magst ruhig sein
Fest steht und treu die Wacht, die Wacht am Rhein!

So führe uns, du bist bewährt;
In Gottvertrau'n greif' zu dem Schwert,
Hoch Wilhelm! Nieder mit der Brut!
Und tilg' die Schmach mit Feindesblut!
Lieb' Vaterland, magst ruhig sein
Fest steht und treu die Wacht am Rhein!

* Schneckenburger, gebürtiger Württemberger, war ein Kaufmann und Gründer eine Eisengießerei in der Schweiz. Er vetrat 1840 u. a. den Standpunkt, Deutschland müsse bei einer »Neuregulierung Europas« dann »alle seine nach und nach entfremdeten Provinzen« wiedererhalten. Das Gedicht entstand während der sogenannten Rheinkrise des Jahres 1840, als die französische Regierung die Forderung erhob, den Rhein zu Frankreichs Ostgrenze zu machen, was Anspruch auf preußische und bayerische Gebiete links des Rheins bedeutete. »Die Wacht am Rhein« besitzt in der politischen Lyrik Verwandte in dem »Lied der Deutschen« des Heinrich Hoffmann von Fallersleben (»Von der Mass bis an die Memel«) und Nikolaus Beckers »Sie sollen ihn nicht haben …«

Eine Entgegnung auf das Trutzlied verfasste

Friedrich Stoltze (1816-1891)*

Die Wacht am Rhein
Die Wacht am Rhei, – merr hat kaa Ruh,
merr heert se alsfort brille.
Mer wisse's ja, zum Deiwel zu,
un aach um Gotteswille.

Die Wacht am Rhein
Heint Nacht um Zwelf ehrscht schlaf ich ei,
da stolpern zwaa voriwwer
un brille laut die Wacht am Rhei,
so daß ich uffwach driwwer.

Ich haww'en aach mein Dank gezollt:
»Ihr Männer ihr, ihr brave!
Wacht ihr am Rhei, so viel derr wollt,
in Frankfort laßt mich schlafe!«

* Stoltze verfasste die Verse in der Mundart seiner Geburtsstadt Frankfurt a. M., in er auch verstarb.

Sie sollen ihn nicht haben (1840), (Der deutsche Rhein)

Nikolaus Becker (1809-1845):

Sie sollen ihn nicht haben
den freien deutschen Rhein
ob sie wie gierige Raben
sich heiser danach schrein
So lang er ruhig wallend
sein grünes Kleid noch trägt
so lang ein Ruder schallend
In seine Woge schlägt
Sie sollen ihn nicht haben,
den freien deutschen Rhein,
so lang sich Herzen laben
an seinem Feuerwein
so lang in seinem Strome
noch fest die Felsen stehn,
so lang sich hohe Dome
in seinem Spiegel sehn
Sie sollen ihn nicht haben
Den freien deutschen Rhein
so lang sich kühne Knaben
den Waffen gerne weihn
(So lang dort kühne Knaben
Um schlanke Dirnen freien)
So lang die Flossen hebet
ein Fisch auf seinem Grund
So lang ein Lied noch lebet
in seiner Sänger Mund
Sie sollen ihn nicht haben
Den freien deutschen Rhein
Bis seine Flut begraben
Des letzten Manns Gebein

Heinrich Heine
hat zu dem Gedicht einen knappen Kommentar geliefert:

Zu Biberich hab ich Steine verschluckt,
Wahrhaftig, sie schmeckten nicht lecker!
doch schwerer liegen im Magen mir
die Verse von Niklas Becker

in: Deutschland, ein Wintermärchen, Caput V, 5

Alfred de Musset
antwortete 1841 Becker mit »Le Rhin allemand«, in dem jede Strophe mit den Worten beginnt »Nous l'avons eu, votre Rhin allemand« (Wir haben ihn gehabt, euren deutschen Rhein), das aber mit den Versen endet

Last friedlich fließen euren deutschen Rhein;
Er spiegelt geruhsam wider
Der Dome gotisches Gestein;
Doch hütet euch, durch trunkene Lieder
Von ihrem blutgen Schlaf die Toten zu befreien.

Der Tambourmajor (Neue Gedichte, 1844)

Heinrich Heine (1797-1856)

Das ist der alte Tambourmajor,
Wie ist er jetzt herunter!
Zur Kaiserzeit stand er in Flor,
Da war er glücklich und munter.

Er balancierte den großen Stock,
Mit lachendem Gesichte;
Die silbernen Tressen auf seinem Rock,
Die glänzten im Sonnenlichte.

Wenn er mit Trommelwirbelschall
Einzog in Städten und Städtchen,
Da schlug das Herz im Widerhall
Den Weibern und den Mädchen.

Er kam und sah und siegte leicht
Wohl über alle Schönen;
Sein schwarzer Schnurrbart wurde feucht
Von deutschen Frauentränen.

Wir mußten es dulden! In jedem Land,
Wo die fremden Eroberer kamen,
Der Kaiser die Herren überwand,
Der Tambourmajor die Damen.

Wir haben lange getragen das Leid,
Geduldig wie deutsche Eichen,
Bis endlich die hohe Obrigkeit
Uns gab das Befreiungszeichen.

Wie in der Kampfbahn der Auerochs
Erhuben wir unsere Hörner,
Entledigten uns des fränkischen Jochs
Und sangen die Lieder von Körner.

Entsetzliche Verse! sie klangen ins Ohr
Gar schauderhaft den Tyrannen!
Der Kaiser und der Tambourmajor,
Sie flohen erschrocken von dannen.

Sie ernteten beide den Sündenlohn
Und nahmen ein schlechtes Ende.
Es fiel der Kaiser Napoleon
Den Briten in die Hände.

Wohl auf der Insel Sankt Helena,
Sie marterten ihn gar schändlich;
Am Magenkrebse starb er da
Nach langen Leiden endlich.

Der Tambourmajor, er ward entsetzt
Gleichfalls von seiner Stelle.
Um nicht zu verhungern, dient er jetzt
Als Hausknecht in unserm Hotele.

Er heizt den Ofen, er fegt den Topf,
Muss Holz und Wasser schleppen.
Mit seinem wackelnd greisen Kopf
Keucht er herauf die Treppen.

Wenn mich der Fritz besucht, so kann
Er nicht den Spaß sich versagen,
Den drollig schlotternd langen Mann
Zu nergeln und zu plagen.

Laß ab mit Spöttelei'n, o Fritz!
Es ziemt Germanias Söhnen
Wohl nimmermehr, mit schlechtem Witz
Gefallene Größe zu höhnen.

Du solltest mit Pietät, mich deucht,
Behandeln solche Leute;
Der Alte ist dein Vater vielleicht
Von mütterlicher Seite.

Zur Einweihung der Befreiungshalle bei Kelheim 1863

König Ludwig I. von Bayern

Heil Euch, wack're Männer, muth'ge Krieger,
Die errungen Ihr den Heldenkranz,
Heil Euch, treue Teutsche, tapf're Sieger!
Ewig währet Eurer Thaten Glanz.

Dumpf und finster hatt es uns umgeben,
Und kein Teutschland gab es damals mehr;
Ihr doch schwangt auf's Neue es zum Leben,
Siegreich ragt es wieder hoch und hehr!

Dass die Zwietracht schmählich uns gekettet,
Dies vergessen werde nie und nie,
Dass die Eintracht uns allein gerettet,
Die der Heimath Ruhm und Sieg verlieh.

Durch der Zeiten weite Ferne schlinge
Immer sich der Eintracht heilig Band,
In des Teutschen Seele sie durchdringe,
Unbesiegt bleibt dann das Vaterland.

Der sterbende Sänger
Peter Hacks

Als Preußen, Russland und Österreich
Gegen Frankreich und Deutschland stritten,
Da ist ein Jüngling, schwarzlockig und bleich,
Mit in den Tod gerittten.
Lasst Mutter, Braut und Geliebte zurück! –
So hatte er gedichtet.
Im »Josef Heydrich« [1]*. Ein schönes Stück*
Und stark gegen Frankreich gerichtet.

Und wie er lag ins Moos gerollt,
Da traten starr und geisterhaft
Vors Auge ihm hin, das brechende,
Drei Frauen, sichtbar sprechende.

Die Mutter sprach: O Theodor,
In dir wuchs uns ein Gott empor.
Der Vater zahlte die Verleger.
Was willst du bloß als Schwarzer Jäger?
Nichts ist, das dich zu Preußen zwingt,
Du bist ein Wiener [2] *aus Dresden* [3]*.*
Man tut nicht alles, was man singt.
Der Tod, der tut am wehsten.

Die Zeit war knapp, das Bild entschwand,
Die Braut Antonie [4] *vor ihm stand.*

Die Toni sprach, die schöne Braut:
Noch ist nicht unser Haus gebaut,
Fort aus der Ringstraße in Wien
Kann nur ein Narr zum, Lützow fliehn.
Bleib, mein Verlobter. Bleib und schreib
Mir weiter schöne Rollen,
Ich spiel dir jedes Heldenweib

Auch vor der Burg[5]*, der vollen.*
Dann gab mit einem Bühnenfluche
Sie Platz dem dritten Nachtbesuche.

Die Frau Bankier Pereira[6] *sprach:*
Napoleon, das ist die Schmach.
Der Völkervogt, es hassen ihn
Die Israelitinnen von Wien.
Die Fanny Arnstein[7] *spendet Geld,*
Die Rahel[8] *hat sich beigesellt.*
Wir sind nicht blond, doch blond und licht
Sind unsere Seelen. Unsre Pflicht
Ist euer Mut. So fühlen es
Sogar die Damen Eskeles[9]*.*
Drum wenn du mich liebst wie ich dich,
Sei tapfer und verlasse mich.
Nimm dieses Buch zum Liebespfand.
Die Leier stickt mit eigner Hand
Ich in die grüne Seide. Du
Zieh hin und füg das Schwert hinzu.

Sie sprach noch viel im selben Ton.
Die zarte Henriette.
Des Sängers Geist war längst entflohn,
Da stand die Halluzination
Noch redend an der Stätte.

Von Gadebusch[10] *zog nach Schwerin*
Ein Sarg unter Trommelschlägen.
Zwei Eichen rauschen bei Wöbbelin[11]*,*
Dort ist sein Grab gelegen.
Ihr schönen Wiener Jüdinnen,
Ihr ließt ihm keine Ruh.
Und hätt doch können werden
Ein zweiter Kotzebue.[12]

1 Vollständiger Titel: »Joseph Heyderich oder die Deutsche Treue«, Trauerspiel 1813

2 Körner hatte in Wien als k. u. k. Hoftheaterdichter gelebt, diese Stellung aber aufgekündigt, als er sich den Lützower Jägern anschloss.

3 Geburtsstadt Körners

4 Körner hatte sich 1812 mit der Hofschauspielerin Antonie Adamberger (1790-1867) verlobt.

5 Das Wiener Burgtheater an der Ringstraße war die Wirkungsstätte Körners und seiner Verlobten.

6 Die Baronin Henriette von Pereira-Arnstein (1780-1859) war Tochter und Ehefrau eines Bankiers, sie setzte in in Wien den literarisch-musikalischen Salon fort, den ihre Mutter gegründet und in dem auch Körner verkehrt hatte.

7 Eigentlich Franziska Arnstein (1758-1818), Mutter von Henriette

8 Wohl für Rahel Varnhagen von Ense, die sich ebenfalls im Befreiungskrieg engagierte

9 Das Haupt der Familie war Bernhard von Eskeles (1753-1839), Wiener Bankier, gründete das gemeinsame Bankhaus mit den Arnsteins.

10 Körner starb am 26. August 1813 in einem Forst nahe dem nordwestmecklenburgischen Ort Gadebusch. Über seinen Todes existieren zwei Versionen, von denen die eine behauptet, eine Kugel habe ihn getötet, die andere, er sei bei einem Umfall ums Leben gekommen.

11 Im mecklenburgischen Wöbbelin wurde Körner beigesetzt. Später wurde der Ort zu einer Familiengrabstätte erweitert.

12 August von Kotzebue (1761-1819), Schriftsteller, Dramatiker, Gegner der liberalen und demokratischen Bewegungen.

Magdeburg 27, 34
Memel 76, 140
Merseburg 78
Möckern 27, 86, 93
Moskau 25f., 30, 37, 44, 47
München 57, 90

Niederschlesien 11
Nordböhmen 37
Nowgorod 60

Paris 25ff., 29, 91ff., 95, 101
Pläswitz s. Paszowice 35
Petersburg 12, 66, 101
Poscherunen 9
Potsdam 11, 77, 87, 96

Rastatt 74
Reichenbach 37
Reims 91
Riga 9
Rogau 19, 30, 91, 103, 113
Rostock 82
Rüdesheim 82

Samland 56
Schildau 83
Somerschenburg 84
Spandau 77
St. Helena 98
Stalingrad 30, 49, 89
Stralsund 67
Striegau 35

Tauroggen s. Taurage 5, 7, 9f., 12f., 15, 67f., 72, 86, 90, 94, 102
Teplitz s. Teplice 38
Tilsit 15, 24, 31, 79, 83
Torgau 83

Warschau 64, 76
Wartenburg 11, 84, 86f.
Waterloo 91
Weimar 80, 91
Weißenfels 34, 40, 67
Wien 20, 37, 42, 84, 92, 101, 148ff.

Zobten 19

Ortsregister

Altmühl 57
Athen 68
Auerstedt 15, 18, 24, 32, 34, 76
Austerlitz 12, 34

Baden 67
Baschkortostan (Baschkirien) 69
Bautzen 34, 67, 86, 93
Bayern 57, 67
Bayreuth 11
Bebenhausen 44
Beresina 12
Berlin-Karlshorst 43
Berlin-Kreuzberg 54
Blüchersruh s. Krieblowitz 81, 86
Böhmen 32, 37f.
Borodino 12
Bonn 24, 65
Bordenau 84
Brandenburg 27, 32, 39, 72
Breslau s. Wroclaw 5, 16, 18f., 29, 52, 56, 67, 82, 86, 90, 92, 94

Danneberg 96
Dennewitz 5, 34, 38, 67, 72, 85, 93, 95
Donauwörth 57
Dortmund 81
Dresden 26, 34, 36, 38, 43, 67, 71, 92, 148

Elba 52
Elberfeld 54
Elsass 92
Erfurt 27
Eylau 12
Frankfurt a. M. 42ff., 52, 92, 141
Friedland 12
Friedrichsfelde 43

Gadebusch 66, 149f.
Glogau 93
Göhrde 96
Goldberg 38
Görlitz 34, 38
Großbeeren 5, 34, 37, 54, 60, 67, 72, 85, 93ff.
Großgörschen 34, 84, 86
Grünhoff s. Roschtschino 56. 85f.

Hamburg 26, 95
Hanau 42, 57
Hannover 20, 84
Hessen 100, 133

Jauer 35, 38
Jena 15, 18, 24, 32, 34, 76, 91
Jülich 95

Kalisch s. Kalisz 5, 16, 20, 25, 67, 76
Kapstadt 12
Kassel 100
Katzbach 38f., 67, 72, 82, 86, 93
Kaub 7, 45, 72, 82, 90, 94
Klein Öls s.. Olèsnica Male 87
Kolberg s. Kolbrzeg 18, 63, 67, 77, 83, 86, 94f.
Königsberg s. Kaliningrad 14, 67, 77, 85ff., 90, 103, 119
Königstein 71
Krieblowitz s. Krobielowice 81, 86
Kulm s. Chlumec 38f., 67

La Rochelle 63
Laage 83
Leipzig 30, 33, 40ff., 52f., 56f., 59f., 65ff., 69ff., 89, 92f., 98, 102
Leuthen 62
Liegnitz 38
Lissabon 68
Lüneburg 95
Lützen 34, 67, 126